陳有方著

文學叢刊

憶往六集

文史哲出版社印行

國家圖書館出版品預行編目資料

憶往六集 / 陳有方著. -- 初版. -- 臺北市：文史哲, 民 105.05
面；公分（文學叢刊；363）
ISBN 978-986-314-299-7（平裝）

848.6　　105007899

文學叢刊 363

憶往六集

著　者：陳　有　方
出版者：文史哲出版社
http:// www.lapen.com.tw
e-mail：lapen@ms74.hinet.net
登記證字號：行政院新聞局版臺業字五三三七號
發行人：彭　正　雄
發行所：文史哲出版社
印刷者：文史哲出版社
臺北市羅斯福路一段七十二巷四號
郵政劃撥帳號：一六一八○一七五
電話 886-2-23511028・傳真 886-2-23965656

定價新臺幣三○○元

二○一六年（民一○五）五月初版

ISBN 978-986-314-299-7　09363

自序

我和許多人一樣，在此生命即將告終之際，仍想多留一些痕跡，以為讀者留存。此即繼續撰寫本書之主旨，亦為在憶往五集自序中所言之本意。

本書收集之文稿篇數與前集約略相等。但內容雜感較多。其中若干故事之內容，都係與此間老人閒談時所聽之資料，先撰為初稿，再向他（她）們查證，才修改完稿，然後發交報刊登載。

本書悼念先父一章，僅就記憶所及，撰寫數事而已，其實因年久失憶，不能再予多述，至感罪過。

至於聖誕節標題下兩文，故事內容，確屬深刻感人，特撰寫以與讀者分享閱讀動人之故事。

撰寫各篇之過程艱辛，先修改初稿錯誤，再整理文稿內容和順序，均與前集相同，不再贅言。

憶往六集

目 次

自序 …… 一
遊記
南特科達州與黑山的奇觀 …… 一二
世界最大的泥土壩——高登壩 …… 一六
加拿大的死海——蒙泥托湖與溫泉 …… 二〇
悼念先父
父親節憶父親 …… 二四
再憶父親 …… 二九

人間百態

觀察世人……三六
杞人憂天……三九
智者的選擇……四一
華人的處世哲學……四三
騙　子……四六
歹徒的電話……五一
手　機……五五

雜　感

不能瞭解的事情……六〇
許多令人討厭的事情（Irritants）……六三
兩個朋友……六七
一位無私奉獻的女人……七〇

一個友善的矮小老婦人……七四
雙胞胎姐妹……七八
一百歲的老太太談長壽……八二
寡母與獨子相依為命……八六
儲金盒……九〇
一件羊毛衫的故事……九五
捐贈骨髓使陌生人彼此變成好友……九九
一位黑人的獨白……一〇四
妄言妄聽：死後要進入另外一個美麗的天地……一〇七
夏天的可愛與可憎……一一一
恐怖主義崛起……一一四

聖誕節

聖誕節的奇跡……一一八

一個非常值得紀念的聖誕時刻……一二三

美食與送禮

豬油美味……一二八
送　禮……一三〇

新　詩

新　年……一二八
春天（一）……一三〇
春天（二）……一三二
生日祝福……一三四
母　親……一三六
向非洲的母親致候……一三八
朋友（一）……一四一
朋友（二）……一四二

有朋來訪……一四五
有自信心的人……一四八
老　年……一五〇
自　悲……一五二
美好的女侍……一五五
寶貴的時間……一五七
晨　禱……一五九
沉　思……一六二
悲　哀……一六四
不必擔憂……一六六
謝謝祢……一六八
一條更好的路……一七一
棄　屋……一七三

轉變的天氣……一七六
月　亮……一七八
唱情歌……一八一
萬聖節……一八三
移　民……一八六

南特科達州的若絲瑪山

加拿大沙省的高登壩

作者在遜芬貝克湖濱

遜芬貝克湖

加拿大的死海 — 蒙里托湖濱

吉思（Keith）和玩具熊（TEDDY BEAR）

遊記

南特科達州與黑山的奇觀

十幾年前我曾經駕車到南特科達州遊覽。當時所參觀的地方很多，但因年久，已不復記憶，所以最近又隨友人去了一趟，舊地重遊，倍感親切。

我們先到急流市（Rapid City），那裡有很多飯館，藝術走廊和博物館；但該州最大的電影院螢幕卻發現在此地修復的麋鹿戲院（Elk Theatre）裡。市內大街廣場（Main Street Square）是一個公共場所，那裡有生動的音樂會，季節性的滑冰，和適合整個家庭活動的雜耍。市中心又有一連串的美

Mount Rushmore

國過去總統的銅像肅立在大街兩旁。

死木（Deadwood）鎮是南特科達州的小鎮，也是世界聞名的最小的城市之一。它建於一八七六年，當時正值很多人前往黑山淘金熱潮。許多具有歷史性的建築，現在都已修復，吸引了大批遊客。

克斯托州立公園（Caster State Park）是美國所剩的曠野地方之一。它佔地七萬一千畝，有很多種野生動物和壯麗的風景。野牛、麋鹿、山羊和驢子時常在十八哩野生環形路上出現。驢子常常把頭伸到過往汽車的車窗內尋找食物。這是南特科達州第二個州立大公園，它有令人非常驚懼的花崗巖尖峰，寓所和營地。

接著就參觀歹土國家公園（Badlands National Park）。它的面積共有二十四萬四千畝，都是混合的草原，遭受千萬年的風化而成，境內蘊藏很多化石和史前的動物。

令人稱道的金針公路（Needles Highway）有七十哩長的驚人風景，隧道和彎道。三個建在鐵山路（Iron Mountains Road）的花崗巖隧道完全配合遠方若絲瑪國家紀念地（Mount Rushmore National Memorial）的面貌。這些站於花崗巖使人敬畏的雕像是：華盛頓（George Washington），傑弗生（Thomas Jefferson），糺多羅斯福（Theodore Roosevelt）和林肯（Abraham Lincoln）四位總統的容貌。這四個雕像共計花費十四年和一百萬元才彫刻完成，現在已是到此遊客必須觀看的一景。

還有一個彫刻很慢的瘋馬紀念碑（Crazy Horse Monument），如果完成，將使那四個總統雕像相形之下，顯得矮小。這個瘋馬紀念碑是顯示一位拉柯達印地安戰士隊長瘋馬騎著一匹駿馬，手臂伸過馬鬣。它高過華盛頓紀念雕像，寬過兩個足球場。它已彫刻了六十四年，由於缺乏金錢，人力和輕信，還未完成。但它仍為本州最吸引遊客的景觀之一。

另外一個吸引遊客的景觀，則是靠近密其爾（Mitchell, South Dakota）的玉米宮（Corn Palace）。此宮是一個非常突出的建築，主要目的為對南特科達州農業傳統之貢獻作紀念。玉米宮每年都用新收穫的玉米、小麥，和牧草等作為主題重新裝飾。它也是非常有名的遊覽目的地，每年到此參觀的遊客都超過五十萬人。

還有一個小鎮叫做牆壁（Wall），位於南特科達州歹土（South Dakota Bad

Lands）的邊緣。它是在一九三八年開創的牆壁藥房（Wall Drug Store）的老家。這個藥房經營很成功；因為他給經過此條炎熱草原公路之旅客免費飲用冰水。此舉使該店都經常客滿。每年夏天來此的顧客每天都超過兩萬人。

現在牆壁藥房已經擴散成為該鎮中心的一座觀光購物商場，雇用全鎮的居民三份之一。牆壁藥房的成功故事可以激發人們的意念，對於人生的艱困與挑戰，不會輕易地放棄鬥志！

看過南特科達州驚駭的奇觀和歷史，確實感到這是一次非常愉快的旅遊。

世界最大的泥土壩——高登壩

在加拿大沙省（Province of Saskatchewan）的中南部，有一個水壩，名叫高登壩（Gardiner Dam）。它是世界最大的泥土壩（Earth Dam），開始建於一九五九年，施工九年，終於一九六七年七月二十一日完成開放。此壩高六十四米，長五千米，完全用泥土和石塊堆積造成，迄至目前為止。仍為世界最大的泥土壩。

壩外為一大水庫，以加拿大前總理遜芬貝克（John Diefenbaker）之名命名為遜芬貝克湖。此壩主要的功能為利用湖水發電。同時也供給沙省百分之四十五人口

的飲水，工業用水，農田澆灌用水，娛樂用水，以及野生動物和生態用水。在夏季流水暴漲期間，還有防洪功能。

由於此壩如此有名，沙市（City of Saskatoon）有一家電視公司，特派記者到此拍攝一部電影，將之列為沙省七大奇景之一，公開放映並出售。我們沙市中國養生會有鑒於此，特於今年七月二十日，租了一部大客運汽車，載運二十多人前去遊覽。

車抵達該壩後，首先即見壩上矗立著五個高塔，大概塔下裝設發電機，非常壯觀。壩下建有一所發電廠辦公大樓，再沿大樓臺階下去，即見由電廠中奔騰流出的洩水，直接注入小河中。河中淺灘上和小島上都站滿了很多的水鳥，都是白色羽毛，閃閃發光。其中有些長頸紅嘴的鵜鶘（Pelican），特別顯眼。它們似乎一面在傾聽衝出電廠的水聲，一面也在等候河中逆流而上的魚類，以飽空腹。

據說此壩之溢洪道，建造時共用二十六萬立方米的水泥，每秒鐘可放出七千五百立方米的水，足供裝滿一百八十個奧林匹克大型的游泳池。

我們看過河流全景後，即乘車轉至壩旁公園內休息與野餐。大家一面忙著搬移野餐桌，攤開桌布和餐具，取出麵包，飲料，西瓜等食物；一面圍爐烤肉。眼觀大湖，大快朵頤。有人甚至躺在草地上看書或假寐，輕鬆愉快。再看湖邊沙灘上，已有很多的遊客，男女老少都穿著泳裝，或入水游泳，或臥在沙灘上行日光浴，或取沙堆高，作成圖畫。然後又走入水中打水球遊戲。小孩們則在沙灘附近蕩秋千，坐蹺蹺板，和捉迷藏，到處亂竄，嬉笑不止。

此湖湖岸線很長，共有八百公里。一眼望去，水連天，天連水，廣闊無邊，猶如汪洋大海。沿岸都為寒帶森林，林中有一百七十種鳥類。例如：天鵝（Swan）、鷓鴣（Partridge）、松雞（Grouse）和野鴨（Wild Duck）等。其中至少有十五種為稀有和瀕臨絕種的鳥類。大聲鶴（Whooping Crane）也常在此出現。這裏還有很多的野生動物，以白尾鹿為最多，是打獵人的天堂。他們既可射殺野鴨，也可獵取白尾鹿，沒有人會打不到一隻獵物，空手而回的。

大湖中也產很多的魚類，例如北方梭魚（Northern Pike），白眼魚（Walleye），紅鱒魚（Rainbow Trout），鱸魚（Perch）等。每年都有成千上萬的人來此釣魚。他們或在岸邊垂釣，或乘小汽艇駛到湖中去釣，都有斬獲。每年還在此舉行釣魚比賽，非常熱鬧。

全湖有三個小避風港，有一小避風港內還有修理船艇設備。另一個避風港則有一帆船俱樂部，會員很多。他們或自帶一隻遊帆，或就近租賃一隻，乘著湖風，揚起白帆，鼓浪飄至湖中，快樂猶如神仙過海，令人羨煞。站在湖岸上的遊客，遠觀湖中點點白帆，卻似夜空中閃閃的明星，甚為美觀。

喜愛打高爾夫球的男女，也可在湖邊附近許多高爾夫球場揮桿，打九洞或更多，練習球技，活動身體。

總之，到此壩和此湖遊覽，不但可以大開眼界，增廣見聞，亦能呼吸新鮮空氣，感覺心曠神怡，誠屬不虛此行。

加拿大的死海——蒙泥托湖與溫泉

世人都知道世界上有一個使人落水不沉的地方，叫做死海（DEAD SEA）。它位於以色列和約旦國之間，低於海平面三九九米（1,310 呎），是世界上最低的地方。死海裡的水最鹹，比在大海中的水要鹹九倍。其次，聞名於世的鹹水湖，為位於捷克首都普拉克（PRAGUE）西部一一三公里（70 哩）的卡洛威瓦雷（KARLOVY VARY）。該地溫泉中含有很多的礦物質，主要的為酸性炭酸鹽，硫磺水和鹽。其中十九個溫泉，以斯普德爾（SPRUDEL）溫泉最有名，水溫為 74。C（165。F），每分鐘噴出 1900 釐米

（2,000 QUARTS）的鹹水。第三個不太為人所知的鹹水湖和溫泉，則為加拿大沙斯克其旺省的滿泥托湖和溫泉（MANITOU LAKE AND MANITOU SPRINGS）。亦被稱為加拿大的死海（THE DEAD SEA OF CANADA）。該湖位於沙省中央地區，數百年前即為大草原地區的印第安人所發現，但滿泥托湖岸邊遊玩場則建於一九一九年。湖水比大海中的水要鹹五倍，溫 泉也含有極高的礦物質，在此溫泉浴池中的人都不會下沉，因此，當地有一句流行的俗語：「連山羊掉在湖水裡都不會下沉」。每年夏天天熱時，很多遊客都跳到蒙泥托湖中，一時人頭浮動，載浮載游，使湖面非常奇觀。

今年六月二十日，我與沙市中國養生會（THE WELLNESS SOCIETY OF SASKATOON）許多會員一起乘坐一輛遊覽大巴士，前往加拿大的死海蒙泥托湖及溫泉浴場游覽。果然，名不虛傳，我們抵達該地後，飽覽該地風光。由於風大天涼，無人在蒙泥托湖漂浮。因此，我們都進入一家大旅社中附設之蒙泥托溫泉大浴室，購票入池。

該溫泉池分隔為三區，每區池水溫度不同，最高的一區水溫為攝氏八十四度，其餘兩區的水溫分別為攝氏七十八度和七十四度，有人喜歡在高溫區浸泡，有人則至中溫區走動，另外一些人則仰浮在最低溫水區，放鬆心情，漂浮水中。

每年來此的遊客，約十五萬人，男女老幼，都樂於在溫泉中漂浮。尤其那些年老的和身體行動不便的人例如：筋骨疼痛，肌肉緊張，走路艱難者，都常來此享受溫泉自然的醫療效果。在溫泉浴場裡，常見有很多老年的男女，坐著輪椅，由浴場裡服務人員推進浴池中浸泡，即使浴池內溫度太高，不久便使他（她）們熱得滿頭大汗，他（她）們也不願意立刻離去，或到池岸上躺椅上休息。至於那些戲水的兒童，戴著塑膠的浮標，不斷地在池水中蕩來蕩去，有時還擲水球，打來飛去，如在岸上捉迷藏一樣，歡笑不止。年輕的情侶，更在池中表演親愛鏡頭，彼此競走，或仰浮水中，微笑迎人。其餘的遊客，則兩三人一組，分在不同的角落，邊浮邊談，悠游自在，浸泡一兩個小時，猶感不足。

由於蒙泥托溫泉富有礦物質，有醫療效果，加上蒙泥托湖及湖岸附近的寧靜，不僅使來此的遊客獲得休閒渡假的目的，也使此地成為旅遊團體最喜常來的觀光勝地。

悼念先父

父親節憶父親

父親出生後，即為長孫。曾祖父子布陳老先生非常欣喜；惜不久喪母，頗為全家憐惜。迨入私塾就讀後，初由百家姓，三字經讀起，然後續讀四書五經、唐詩、宋詞，幼學瓊林，朱子家訓等經典。當我長大後，他時常對我說明某些典故和章句，以及如何修身養性，持家任事。諄諄告誡，使我深印腦際。例如：「一粥一飯，當思來處不易。」受此提示，我至今都不敢掉落米飯。

因他極受曾祖父寵愛，在他長大後，曾祖父當全家族人聚會時，公開宣布將鄰近我家一塊二十畝稻田賜給父親，不許任何人爭論；後來父親與四位弟弟分家時，有人為爭產難決，父親為免傷害手足之情，慨然捐出該二十畝稻田，合併家產計算分配，始告和平收場。父親為顧全大局，不為私利，由此可見。

父親為人矜持，平時不苟言笑。對於子女，很少斥責，更不打罵。對我格外寬容，一有空閒，就和我談論讀書細節，歷史掌故。睦鄰友好，和人際關係等等；尤其當他將水壺放在用汽油筒製成之火爐上煮水泡茶時，神情愉快，侃侃而談，使我獲得許多書本外之知識，每一憶及，感恩不已。

父親待人接物，寬容大量，不計怨恨，說到做到。例如：我家有一位佃農，名叫戴傳江，平日勤苦耐勞，深為大家所欽佩。某夜，忽在我家屋後竹園內，偷鋸竹子，當我鄉蓋頭（一種專捉小偷小盜之地方小吏）適路經竹園牆外，聽到鋸竹聲，便翻牆入內逮人，戴傳江立刻束手被擒。次日，該蓋頭問明戴傳江姓名住址後，即刻通知父親，詢問如何懲處意見？父親深知戴某為人，大感意外，當場親向蓋頭說情，不予計較，並親自將其領回。

不久，有一鄰居黃學全，心懷歹念，欲將其寡媳出賣，該女不從；但無法脫離其魔掌，最後便跑到我家，向父親跪下，哭請援救；父親見此情況，不加思索，立即將其扶起，大言道：「我一定去與你翁理論，決不讓他胡作非為。」父親不計安危，劍及履及，其翁黃學全終告逃往他地；該女亦從此獲得安居。父親見義勇為，決不退縮，此為一例。

父親對家人也是真誠愛護，不遺餘力。三祖母逝世後，祇有年幼堂弟一人在家，雖然隨後即由已出嫁之二堂妹返家久居，主持家務，都不知如何處理，乃時時向父親討教，父親也不厭其煩，屢予援手，助其解決。對於在南京求學之堂弟，更視如親手足，詳加照顧。又父親之三弟，當日寇佔領中國沿海各地後，三叔在上海租界內繼續讀完高中，并考取遷往四川之中央大學，父親特將田產當出，親攜二百銀元到上海交給三叔，讓他乘船赴越南，再入雲南，轉至四川入學。父親因幫助三叔讀完大學，非常樂談。

父親每次到南京時，都約我同去夫子廟著名的茶館小食。那些茶館如奇芳閣，六朝居等等，現在祇剩這幾家仍在營業。在茶館裏，每次所點之食物如干絲、燒賣、小籠包子，牛肉麵等。這些在學校膳堂裏難得吃到的美食，使我大快朵頤，非常滿足。

父親嗜好飲茶，買有宜興出產之紫砂茶壺一把，不准任何人用口向茶壺吸飲；

也不許用手伸入壺內清除已用之茶葉。他所愛用之茶葉為「龍井」。每年寒假、暑假，和春假我返家時，父親都囑我在南京購兩罐「龍井」茶葉攜帶回家。有次，我買錯了兩罐「烏龍」茶葉，父親雖然稍有不悅，但仍溫和地對我說：「龍井茶葉是扁平的，下次要注意開罐看一下才買。」並未責備。

泡茶前，父親都先將一些開水倒入茶壺內使其增溫，然後倒出；再放一定分量之茶葉入壺，重將開水傾進茶壺裡面，蓋好，等五分鐘後，讓茶葉泡開出汁，才倒入茶杯中飲用。他很喜歡飲茶，且很講究飲茶細節。飲茶給他很多快感，是他一生最為樂談之事，同時也是他深深地回憶的時刻。後來他被關在「牛棚」裏，受盡污辱與艱苦，忽然接到我寄給他的匯款後，立刻就請代收匯款人在南京購買兩罐「龍井」茶葉帶回，以後便在飲茶時深入回憶裏。飲茶回憶比在無聲中回憶更加生動逼真。父親究竟再回憶什麼？無人知道，現在更永遠不會知道了。

共產黨來到家鄉後，三反五反，清算，鬥爭，無日停止。父親被定為黑五類份子。財產被沒收，人被鬥爭。正當大禍來臨前，他與表弟李春芳相約逃往四川，因為在抗戰時，李春芳曾在四川居留，他在那裡有很多朋友，可以投奔避難。他倆抵達後，當地情況也一如故鄉，無人敢收留他倆。因此，父親與李春芳便決心返鄉，寧願死在故土，不願成為異鄉之孤魂野鬼。回程一路乞討到家，備嘗艱苦。到家後，父親便向本鄉書記自首，幸獲免死；但立即就被關進牛棚，失去自由，也沒糧食充飢；就在即將失去生命之際，適時（一九六三年十月）獲得我的家書，隨後又收到我的匯款接濟，始能繼續維持生命。從此以後，日夜盼我早日返國；可是，我剛自多倫多大學畢業，工作不久，既有家庭負擔，又無積蓄，況且路途遙遠，巨額川資難籌，又加申請加國護照，中國簽證，在在費時，只好一再展延返國日期。不料父親病情深重，回天乏術，當其彌留前夕（一九八四年一月二十四日）還着人前往南京連發兩封電報給我。兩電內文相同：「父親病危，立即返國」英文原文：Father is dangerously ill and hope you can come home quickly。現在兩封電報仍在，我不時拿出來閱讀，每次都淚流滿臉，不能自己。

再憶父親

我們鄉下人在年幼時，大多數都未受過教育，知識淺薄。當貧窮無救時，常常出賣田地，以應急需或求生存；但出賣田地必須撰寫契約，簽字或畫押，始能生效。因鄉下從來就沒有律師；此時就得求助讀書人。因此，父親常被他們請去書寫契約，以便滿足法律規定。父親通常前往購買人之家庭，先傾聽出賣田地之位置、大小，四周界址，索價數目等等；沉思良久之後，然後動筆起草。由於父親非常謹慎，恐怕謄寫錯誤，在啟程赴約前，便囑我隨行，等到他將契稿寫好，就交給我抄寫，在繼續校對數次無誤後，才要求賣主，購買人和證人分別簽字蓋章或畫押，（不會簽名者以印指紋代替。）

購買人當晚都會準備豐盛的晚餐招待我們。我沾父親之光，亦能大快朵頤，故每次我都樂意遵命隨之同行，藉飽口福。

二叔自幼只在私塾就讀；成人後偶爾亦開館收教數位鄰人兒童，收入有限，且不穩定，常在失業狀態中生活。當時父親業已獲得從南京下關開往我縣（六合縣）長江岸邊九里埂與通江集兩地小火輪航班代理售票業務，賺取佣金。父親為幫助二叔及另一位助手，讓他們實際辦理售票工作。二叔擅長珠算，每日在該輪離去前，即將所有售票所得清算完畢，親自將票款交付船長。乾淨俐落，甚得信任。（此火輪航班當日寇攻佔南京時即告停駛。）

三姑（如仙）與五姑（和仙）在家無業，父親也為她們接洽；進入在南京設立之蠶桑學校進修，以便獲得一技之長；惜不久抗日戰爭爆發，她們未能實際工作，發揮學以致用功能；但父親照顧她們的一片熱忱，不能抹殺。

我們陳氏家族，人口眾多，據說居住在六合縣卸甲甸鎮上，就有數百人。那裡建有一棟陳家祠堂，每年都在該鎮召開家族大會一次，父親也常參加。某年，還帶我同去。開會時，主席報告過去一年家族中發生之重大事件，隨即討論如何加強聯繫等等問題。聚餐時，大家歡聚一堂，親切招呼，席開數十桌，快樂團聚，盛況空前。

父親去世後，一位曾與父親相識很深的長輩告訴我；家族會議中曾對下輩共同一名決定十字：「執中良市在，至孝大名存」。可惜住在六合縣柳圩之陳家後裔，現已流散全國各地，不知下輩有此一字共同的名；他們對於子女，都各自取名，不相聯繫，將來如查家譜，恐怕不能搜集登錄，造成遺漏。

慎終追遠，古有明訓。父親常記此言，每年都定期前往六合縣靈岩山祖墳祭拜。他也曾帶我去過兩次。抵達祖墳前，先去拜訪當地照護祖墳人，除致贈菸酒外，也給小費。隨即一同走至祖墳，取出祭品，并焚燒紙箔，同時由父親領先向各位祖先逐一叩拜，長幼有序，莊嚴肅穆。祭畢，父親諄諄誥戒我們：「對於先人，應該飲水思源，不忘祭祀。人若忘本，何以立足於世？」他七十年以前之言，現在仍縈繞於我耳際，不勝感傷之至。

三年前祖墳四周土地，被工廠深挖，頻臨崩塌，被迫取出骨骼，遷葬至公墓。前年我曾專程前往祭拜，藉安我心。

徐龍和為父親三姑母之孫，其父徐立朝早逝，其母後又改嫁。他與小弟同居我家鄰舍，非常貧苦。父親都予照顧。他比我年小一歲，和我朝夕相處，親如兄弟。稍長，他忽然不辭遠去，不知下落。一九八四年，我夫婦二人攜小女自加拿大經由香港返回中國；當飛機降落上海虹橋機場時，他與堂妹婿張正國兩人都站在檢查檯外，頻頻向我招手，表示歡迎之意。迨見面後，我們都欲言又止，嗚咽難語；隨後又在旅館中相談闊別四十年往事。最後他說：「當鄉民開鬥爭會時，以往父親照顧多年之杜家田，竟對父親鬥爭，事後知悉，他氣憤不已，大聲罵他：『你這忘恩負義之人，實在可惡』，伸手就與他大打一架。」他對父親感恩，由此可見。

張從源，字百川，當日寇佔領六合縣後，祇在幾個大市鎮與山頭駐紮少數日軍，其餘鄉鎮都成無政府狀態。盜匪橫行，強欺弱，大凌小。張從源因與我鄉蓋頭有親屬關係，也仗勢胡作非為。某日，父親在高腳片一小茶館與朋友飲茶，不知何故，他忽向父親挑撥，數言未合，他竟掏出手槍威脅父親，旋經友人將父親邊言邊拉護走，未釀意外。父親受此羞辱，忍氣吞聲，不再出門，並言：「處此亂世，祇有苟全性命而已。」不久，舊曆新年已到，張百川突然來到我家，攜帶紅包一件，向父親拜年。父親見此情況，不記前嫌，親切招待，言歸於好。父親為人正直，雖曾被他當眾羞辱，現在他良心有愧，又到我家負荊請罪，可見好人不會寂寞。

我自一九五〇年離開中國大陸，迄今已經六十六年，當父親仍在世時，朝夕都盼我回家相見，都因故不能如願，如今父親已經去世三十多年，永無再見之日。回憶親恩未報，此恨綿綿，祇有祈求父親在天之靈，海涵宥我恕我矣！

人間百態

觀察世人

「除了你與我，每個人都在發瘋，有時我對你也有一點懷疑？」這是最近常常聽到的流行語言。

誠然，這個世界充滿很多奇怪的人和許多令人敬佩的人。觀察世人是一件很有趣的廉價娛樂。我們都要花費一些時間去觀察，才能印證不誤。

作家在觀察人們以後，獲得靈感，將其描畫在虛擬的人物性格裏。但真實的生活比夢想的境遇更加奇妙，所以我們不會覺得討厭。在這個世界裏，有很多有趣的，富有靈感的，和持久的謔弄與慷慨的特異人，我們與之共生在一起，各自謀生，遂不以為異。

其實，每人都有很多的生活故事可述：乘坐長途公共汽車旅行時，同排座位的旅伴，對你熱心的款待與娛樂，使你高興。他們可能將其成就稍微加以誇張，並減略其缺點。因為你是一位陌生人，不能爭議其真實。他們也可能告訴你最黑暗的秘密，因為他們不會再與你相見。另一方面，若有一個與你同坐在一排的人，在汽車行駛三百哩中靜默地坐著，不和你交談一語。多麼無趣！

購物中心是觀察世人最好的地方。有些人焦急地快走，或者表示他們要到一個很重要的目的地去。其他的一些人，則希望彼此間能夠發生互動，頻頻跟人示好。母親們有時性急地拖著幼童的手臂向前走動，你可感到她們的心情很緊張；有些父親們也努力照管小孩，分擔父親的責任。現在父母們都警告小孩們：「不要和陌生人談話。」所以小孩們通常都不回答人的問話，這樣很安全。

觀察十幾歲的少年，都有特徵。我們可以從他們的精力中，看出一些顯明的現象。有些人掛著鼻圈；有些人把頭髮染成綠色或紫色，有些人皮膚上刺出許多花紋，都為表示個性。年輕人聰明，強壯，有機智和興味，國家的前途都掌握在他們的手裏。假如他們把手機放下，他們可以去治理。當他們低頭聆聽手機時，我預料有人會掉到大街上一個路洞裏，或從懸崖上摔下。

你不需要偷聽別人的談話，不過當人們在電話中大聲高談時，就不能避免被人竊聽。

身體的動作語言可以告訴別人很多的事情，無需口頭交談。行路的姿勢，也可表示他們的態度。那些想升高位置的人在街道上都跨步而行；那些缺少信心的人好像要向人道歉似的走在大路上。

年齡也決定人們的行為：老年的婦女搖擺地走路；年老的男人都閒蕩而行；年輕人則向前跨步，不感急迫或沒有需要快速前進。他們不匆促地返回寂寞的房間。臉上的老皮皺紋含有經驗與智慧，每人的年齡都傳達其美麗。

我們祗需花費一點時間觀察世人，便知世人百態。觀察世人，不會使你感覺煩悶。

杞人憂天

記得在二零一二年時，就有人說：世界末日要到了，並且一再預言某月某日是世界末日，可是到了那天，世界仍然和以前一樣，沒有毀滅。終於又被改定日期，延後發生。大家對此一派胡言亂語，乃告無人理會。主要原因，則是世界上沒有任何一個人知道何日是世界末日，確切的結果如何？真正沒有一個人知道其答案。因此，大家便互相規勸，不必庸人自擾，為不知的事情擔心。

又有人說：人為甚麼活著？人活著有甚麼意義？世界上有各種各樣的人：有人飛黃騰達；有人窮愁潦倒。有人富甲天下；有人權傾當朝。有人簞食瓢飲，不改其樂；有人姬妾成群，仍然寡人有疾，不知節制。有人名成業就，但乏子嗣，深感遺憾。有人立志完成偉大事業，但卻功敗垂成，抱恨終生；有人自幼失怙失恃，仍能獨立求生，名揚天下；反之，有人為天生驕子，窮奢極侈，終成餓孚，死於路旁。各人的際遇不同，其活著的意義也相異。為甚麼要活著？誰要死亡？這些都是難以解答的問題，祇有哲學家對此才有興趣，我們都不能妄置一辭。

現在通信事業發達，以前大家不知道的事情，如今祇要在世界上某處發生一件事情，立刻就會傳佈全球，非常迅速。所以每天都有很多人被那些玄虛的問題所困擾。但那些問題又多半都與自己無關。可是他們仍然要花費很多寶貴的時間去思考，去討論，結果卻把當前切身的問題丟在一旁，在自己的行業中，不能得到成就。甚至連每天如何填飽自己的肚子，如何教養自己的孩子，以及怎樣孝順健在父母，都不能達成，簡直把自己變成一個嚴重的精神病患者，惶惶不可終日。

如果我們不願走火入魔，深陷泥淖，應該把這些誰都不知答案的問題放下，絕對不管那些與己無關的事情，無憂無慮，努力工作，一往向前，生活必定愉快，幸福無疆！

智者的選擇

我們自從出生以後，歷經成長，以迄衰老，每個人都曾經歷過無數的勝利和失敗，喜樂與挫折，沒有人會一生吉星高照，一帆風順，也很少有人一蹶不起，永遠沉淪。其關鍵端在每個人的人生觀。

有一位年輕的朋友，不久前遭遇到一次車禍，把右腿給輾斷了，後來雖然傷癒出院，但不能走路，必須坐著輪椅始能出來。因此，他終日長吁短嘆，愁眉不展，在悲傷裏沉淪。後來有一位小有名氣坐著輪椅的人和他相見。對他說了很多安慰的話，也告訴他自己過去受害後適應的經驗，並勉勵他努力振作，向前觀看。

從那時起，他逐漸地走出悲傷和難過的深淵。不但心情慢慢地好轉，而且思想也大大地改變了。凡事不再從壞的方面去想，反而改變態度向正面探討。例如他說：現在的情況比當初想像的狀況要好得多。他仍能坐著輪椅到處行走，也能正常地工作和學習。至少我現在還活著，能和親人在一起享受天倫之樂，也能和朋友聚在一起分享經驗。我已懂得珍惜，用撿回來的餘生，貢獻社會，和更加快樂的生活。

世上有很多人在遭遇到意外或禍害時，常常不知所措。例如：當升官無望時，則除了垂頭喪氣，大罵他人之外，毫無振作精神，努力進取之意；又如：和戀人分手後，在失望之餘，還想自殺，甚至要殺害對方及其家人，以資報復；又如：偶爾生病時，除了抱怨，還覺得親人和朋友對他很虧欠，心有不甘。

其實，很多事情並不是想像的那麼可怕或可悲，換一種思考方式，或將問題從另外一個角度去看，會發現很多事情根本不是當初想像的那麼艱難與痛苦，也許容易找到一個解決方案或減輕傷害，所謂橫看成嶺側成峰是也。

很多時候，在對禍害堅持無望的悲痛中生活下去，不但不能解決問題，如果還繼續如此悲觀，反而更會覺得越向前走去，越加黑暗。可是一旦冷靜地重新思考以後，把危機當成轉機，進而使痛苦的生活改變成美麗的結局，才是一個令人崇敬的智者和勇者。

華人的處世哲學

在美加兩國的中國移民，包括來自中國大陸、香港、澳門和台灣的人在內，都有同一的處世之道；不喜歡打官司。雖然這些華人都曾遭受或多或少的種族歧視，通常都是忍了。即使遇到債務糾紛，房屋買賣，租賃問題，男女關係，婚姻破裂，貨物攙假，醫療欺騙，兒童被欺，微小車禍，地下室淹水等等問題，若能大事化小，小事化了，就都接受，不願走上法庭，控告對方，以免官司纏身，經年累月，不得安心。

有人說：中國人懦弱，缺乏正義感。被人欺負，衹要對方稍微讓步，或損失不大，就不追究。又有人說：中國人缺乏法治觀念，對於爭取法律解決爭端，都不願或不敢嘗試，寧願吃虧，也不起訴，一旦與人發生衝突或利益受到侵害，都是能和解便和解，以求息事寧人，不願擴大爭論，向法院申訴。俗語說：中國人喜歡「和稀泥」，換句話說，也就是不問是非，但求得到「面子」即好。很多人被稱為「和事佬」，就是因為能夠憑其三寸不爛之舌，向衝突各方耍嘴皮，處處顧到，讓大家都不失顏面，最後就達到「大事化小，小事化了」的處世之道。

由此處世之道演繹下去，中國人也不喜歡聚眾鬧事，從不上街遊行聚會抗議。因此，中國人不像弗格森的黑人兄弟那樣，見到同伴受欺負，就群起鬧事，搞砸搶打，無法無天，破壞治安，造成社會大亂，人心惶惶，難以收拾。

中國人雖然移民到美加，仍然堅守固有的價值觀念和生活形態，即使在金融海嘯發生後，市場一片蕭條景像之中，華人都克勤克儉，努力工作，盡量賺錢，拚命撙節，故能受到最少衝擊，而政府的救濟金，華人去領取的人數也最少。街上的流浪漢幾乎沒有中國人。經濟復甦過程中，唯有華人社區被偷竊率最高。據美國警察分析，一般美國人都很窮，他們每月的收入都用得光光，都成「月光族」。如前所述，中國人都很能吃苦耐勞，拚命賺錢。錢存多了，便買房置產，所以每家都藏有現金與珠寶。竊盜知道華人的生活形態，到華人家作案，必有所獲，不會空手而回。即使不幸失手，被人逮住，他們也會假裝可憐，以獲同情，華人怕事，不敢去上法庭，便將他們輕輕放過。如果竊盜橫強，華人更不敢抵抗，以免危險，所謂「好漢不吃眼前虧」。金錢丟了，可以再賺回來，何必甘冒生命危險？華人都常如此自我安慰，雖然有點阿Q精神，但不去法院，免除麻煩，還是值得，這就是華人樂此不疲的處世哲學！

騙子

戴爾瑪，畢克（Delma Bick）是一位很莊嚴的六十多歲女人。她的丈夫在五年前去世。唯一的女兒已經嫁給一位住在溫哥華的男人，生有兩個小孩。

戴爾瑪擁有一棟大房子，是她和丈夫在三十年前建造的。在她的丈夫辭世後，她曾想把它出賣，搬進一所較小的屋子居住。但後來她改變了主意，因為她如住進一所小屋，實在很難適應。她需要屋子裏有些空間，特別是在漫長的冬天，她更常待在家裏。十年以前，她的丈夫曾經加建了一間太陽屋，她很喜歡該屋。並在裏面放置了很多盆栽。她常坐在那裏看書，編織，或沉思。她的丈夫很欣賞她的許多植物，也很讚美她的專心培育。

那裏有一棵大仙人掌，每年都開一次花。有一年它開了四朵最美麗的白色花，雖祇開了一夜，卻把室內充滿了香氣。她的丈夫把她叫醒，倆人都很奇怪那些花朵是如何張開，呈現其美麗的。這些事情似乎已是很久以前發生的了。她是多麼的孤單，當她從一位朋友處回來時，她的房屋裏很空虛，沒有人在那裏傾聽或發問題。

雖然她居住在一個小鎮上，她仍然能夠在那裏購買大多數需要的東西，因為那裏新近開設了兩家大雜貨店。有時兩家雜貨店生意很忙，都有很多的顧客，在收錢櫃台前面排隊，等候付賬。某天，她在排隊時，她的前面有一位男人，忽然主動地和她搭訕起來。她以前未見過他，但認為他是一位和她年齡相當且有禮貌的人。她倆談到很多事情，似乎談得很投機。隨後，戴爾瑪看見他在停車場等她。他站在他的貨車旁邊，貨車的車牌是不列顛哥倫比亞省（British Columbia）的。他立刻走到她的面前，幫她把所買的雜貨裝進車裏，並對她說：「我們現在不能去一家飯館吃飯，繼續聊天。我的姓名叫愛德華斯退思（Edward Stace）。我們明天中午到上海咖啡館相見如何？」戴爾瑪接受他的建議後就開車回家。整個下午她感覺很高興，沒有挑剔，但懷有一個很大的期望。

午餐後，她倆均各自付賬。他說：他現在已年老了，想要定居在一個較小的市鎮上，隨即，他倆又談到很多的事情，彼此對所談的問題，大半都很同意。因此，很自然地他倆似乎都要再聚一次。當他倆的友誼增進時，戴爾瑪有時忽然覺得某些事情不對，但很快地她又不再多想了。她的天性是多疑的，但也常常為此自責。不過，迄今為止，她還未請他進過家門。

愛德華曾經告訴她：他現在住在一間有供給設備的公寓裏，但這是臨時租住的。他要慢慢地尋找一所房屋。他很多次問戴爾瑪她的房屋是否需要修理，他樂意替她修理。她都對他說：她的房屋情況非常良好，因為她的丈夫每次看見房屋有任何地方需要修理前，就立刻修理。當戴爾瑪患感冒時，他告訴她：祇要她寫一張購買雜貨單，把她的付款卡（D.b.t Card）交給他，他就立刻可以替她買好。戴爾瑪除對他表示謝意外，祇說她現在不需要購買任何東西。

幾週過去後，她的門鈴忽然響了。在她知道以前，愛德華已經進入她的屋內。他對每樣東西觀看的神情，喚起她的疑慮。他必定已感到她的感覺，因為他雖然仍面帶笑容，但已改變他的音調，變成不很友好，甚至有點敵意。他僅要請她當晚去吃晚餐，到時他要向她做一個很重要的建議。

那天晚上布里連地斯愛德華很熱心，友善，又有禮貌。他牽著她的手對她說：「我從來沒有像現在這樣的快樂。為甚麼我們不計劃在一起消磨我們的餘年？我們可以把我們的存款放在一起。你把你的房子賣掉，我也把我的房子賣掉，然後我們倆人就可買一所新房，一起共度將來。」戴爾瑪答道：「我需要一些時間加以考慮。」愛德華的眼睛立刻轉變冷淡了，他的聲音也變成不耐煩的樣子：「為甚麼你對我給你的幫助予以拒絕，或說你需要時間考慮？你要相信我或者我們的友誼就此結束，從此以後，你就要再過孤單的生活：」戴爾瑪決定這是他們在一起的最後一餐。

後來，不知甚麼力量促使她直接前往「加拿大皇家騎警」，報告她與愛德華交往的詳情。此後，她再也沒有收到他每天至少都打來一次的電話。兩個星期後，她曾向那位皇家騎警報告的警官，忽然來拜訪她。「畢克太太，我特來恭賀你，因為你已經做對了一件事，就是你報告了愛德華這個人。他在三個星期以前和你一同吃過晚飯後便離開本鎮。他的姓名不是真的，他沒有住在一間有供給設備的公寓裏，那輛掛有一塊不列顛哥倫比亞省車牌的貨車是他偷來的。他已經欺騙了三位寡婦，把她們的積蓄都騙去。不過，你很聰明，沒有被他的甜言蜜語所誘惑。我們現在已經把他逮捕，很快地就要把他送到法庭，為其所犯很多的罪案受審。」

當那位警官離開後，她除了感到很煩惱，但也很釋懷，並且很感恩，因為她傾聽了她內心的聲音。

歹徒的電話

某天，戴爾貝太太（MRS.DELBY）感覺很難過。前夜，她身體疼痛，無法成眠。尤其使她痛苦的，她一人獨居，無人照顧，頗感孤單寂寞。但她知道，她不應埋怨，要與別人相比。她住在一間雖小但很舒適的房屋，有錢付稅和水電等費，也能購買食物和雜貨。此外，還能縫紉和編織。

她有一個兒子，住處離她不太遠。但他不常來看她。他每天都要開車四十五分鐘去上班。因為他已不年輕，擔任輪值工作，使他很疲倦。戴爾貝太太希望她的媳婦常來探望。她的媳婦有時間修飾面容，修剪指甲，和參加飲茶聚會。為什麼不能來到她處消磨一小時？戴爾貝太太嘆息道：「人老了，就被人推在一旁，不予理會。」

戴爾貝太太有一個孫子，正在加國東部一所大學讀書。她唯一的希望，就是有人給她通一次電話，但在過去很多天，她的電話機都沒有響聲。

戴爾貝太太早晨未吃早餐，雖然她知道早餐是很重要的。她從冰箱裏取出一些食物，做一塊夾肉麵包，當作午餐。忽然，她安靜的家裡，響起了響亮的電話鈴聲。很久沒有人打電話來了，感覺這次電話鈴聲似乎特別響亮。她特別高興地拿起話筒，聽見對方低聲地說：「祖母（GRANDMA）！」稍停，又用詢問的語調說：「祖母？」

戴爾貝太太感覺有點惶惑。她的孫子約翰尼（JOHNNY）在過去從未打過電話給她。「你是約翰尼嗎？為什麼你要如此低聲說話？大聲一點說，我才能聽清楚！」但他仍然低聲說：「祖母，我現在停在一個奇異的屋子裏，不想讓別人聽見我的話。我剛發生了一件意外，不想給他人知道，我打電話給你，因為我相信你，不會將此消息透露出去。你能給我五張百元大鈔嗎？」戴爾太太想了很久，這個數目幾乎就是她的全部積蓄了。但因約翰尼信任她，她很感動。於是她立刻決定，她必須幫助這個唯一的孫子。「好，約翰尼，我願意幫助你。」「咦，祖母，我知道你不會使我失望。請用錫紙把五張鈔票包好，裝進信封裏，寄到多倫多郵局留件處。」他把收信郵局的地址和郵區號碼告訴她，然後又加上一句：「我以後會將此款歸還給您。」戴爾貝太太聽後，想到孫子在遇到困難後不是先向他的父母尋求幫助而是先想到她，而她能幫助她的孫子感到很欣慰。

住在一個社區裏，有很大的優點，在她存款銀行裏的出納員與戴爾貝太太已認識多年，她也認識戴爾貝太太的兒子、兒媳和他們的孩子。當戴爾貝太太去提取五百元時，那位出納員便感覺有點驚異，當出納員聽到戴爾貝太太講述約翰尼突然打電話向她要錢的事後，便藉故對她說：「這是一筆大數目，我必須向上司請示一下，現在銀行就要關門了。我還有許多工作沒做完呢，請您明天再來領款好嗎？」

戴貝爾太太走後，那位出納員立刻打電話給在麵粉廠工作的戴爾貝太太的兒子，當時他並未輪值，廠裡的工人告訴她，今天他上夜班。於是，她就打電話到他的家裡，和戴爾貝太太的兒子聯繫。

當天晚上，戴爾貝太太聽到她的門鈴聲響起，她猶疑地打開大門，看見她的兒子正站在門前，她大吃一驚，便問他：「今天你不是上夜班嗎？」，她兒子回答道：

「是這樣的，我聽銀行的出納員說您今天因為孫子的一通電話而去銀行，打算取一大筆錢，我想問您電話裏是怎麼說的？」戴爾貝太太據實告訴他。聽她說完，她的兒子對她解釋：「那不是我們的約翰尼打給您的電話。那人特意壓低聲音說話，混淆您的視聽。您沒注意他對您的稱呼是祖母而不是平常那樣稱呼您「姑蘭尼」（GRANNY）嗎？現在有很多歹徒，專門把欺騙的目標放在老人身上。如果不是那位銀行出納員機警打電話通知我，您就要被騙走五百元了！我很懊悔之前那麼久都沒來探望您，其實約翰尼經常按時打電話回來，還讓我代他問候您。」

他說：「約翰尼趁暑假在蒙地奧市（MONTREAL）找了份臨時工，薪水很不錯。那裡還是法語區，他可以順便學習法語。打完工後，他仍要回到多倫多繼續求學，以完成他的學業。」

他接著說：「我很慶幸已幫您取消了這次取款的請求，以後我也會經常來看您。」說完後，他便離去。當晚，戴爾貝太太在睡眠時自語道：「今天真是一個好日子，我非但沒有失去五百元，而且兒子還說以後要經常來探望我，多麼幸福啊！」

手機

當瑪麗曼‧夏普夫（Marianne Scharff）居住在P城時，她有一位鄰居名叫崔西（Tracy），經常在憤怒時來到她家。崔西說：祇有瑪麗曼能夠傾聽她的敘述詳情，才能使她安靜下來。崔西是一個寡婦，她有兩個女兒居住在不列顛哥倫比亞省（Province of British Columbia），她的兒子卻住在離她家祇有半小時車程的地方。他時常回來看望她，不過崔西卻說他是回來窺探的。他還要崔西應該做些甚麼，或改變些甚麼。「他不應該批評我，應該讓我自由地選擇。我對他的勸告，很討厭。」

近來，他又不斷地對我絮絮而言：我現在的生活，仍然缺少一個手機。因為我常常要開車到外地去，他認為我可能遭遇到一種意外的情況，需要有一個手機，用以求助。因為人們已不能再依靠別人了。他們可能傷害我，搶奪我的錢包。甚至搶奪我的汽車。因此，我在公路上便沒有保障。可是我告訴他，我已經開車很多年，都沒有這種小機件，也從來沒有遭遇過任何惡劣的情況。此外，我仍然相信人們的善良，願意幫助。我要把錢花費在我喜歡的事情上，不願浪費在那些現代的電器上。他離開時憤怒地喃喃而言：「真像騾子一樣的倔強。」

從那時以後，他有很長的時間未再回來看我，但在某一個夏天，他忽然面帶笑容地又回來了，還攜帶一件包紮的禮物。我知道那件禮物是甚麼，我想何必要這樣小題大作？他的這番心意是好的，但我是否使用它，仍由我自己決定。整個夏天，我仍然像以往一樣開車出去遠遊。我兒說，他已放心，因為我已有了保障。可是他卻不知我把這台手機經常都放在家中的一個抽屜裏。

不久，漫長的冬季來臨，天氣非常嚴寒，地面有很多的白雪和冰塊。某日，我決定開車去Z城，訪問一位好友。當時公路上情況很好，天氣預報不會下雪，灰白色的陽光也會露面。這次我帶著手機隨行。開車至半途，忽然誤駛到一塊冰滑的地面，我立刻失去控制，我車當即滑落到路旁的一個小水溝裏，於是我趕快使用手機求救。

但不管我撥任何號碼，都沒有連接反應，我不禁想起聽人說過，有很多地方，手機是沒有用的。所以我在埋怨以後，祇好自我苦笑一陣。

我穿過深深的積雪，走上公路的路肩，等待經過的來車求救。不久，便有一輛貨車從小路轉來。駕駛者是一位農人，他看見我站在路旁，立即停車走下，笑著對我說：你車是否帶你到小水溝去遊玩一下？這種事情常常發生，但我不能把它拖起。我現在要去 T 城，離此大約祇需二十分鐘車程。我有一位朋友在那裡做拖車生意。現在我開車帶你同去。沿途他還說了很多有趣的故事，非常愉快。

那位做拖車生意的人名叫賈機（George），他叫我坐上他的拖車後，便開車直奔我車陷落的地方。抵達後，他立即把我車從小水溝裏拖出，毫無困難，然後他向我車仔細地察看了一下，隨即又躺在雪中向車底下再看有無損害，確定安全無慮後才開始發動。我問他需付多少拖費？他對我大笑說：「艾迪（Eddie），帶你到我店內的那位農人，是我的好友，我是為他拖車，你不用付錢給我。」我聽後，真正不能相信人間有此義人相助的美事。

當日我抵達Z城時，較原定時間為晚。返家以後，我立即給賈機寫了一封致謝函，並附五元加幣，作為他購買咖啡和小甜餅之用。次晨，那農人艾迪打電話給我，問我是否已安全回家？其意良善，令人感激。下週，吾兒又回來看我。我告訴他，整個夏天我都沒有使用手機。不過，當我在這次冬天外出時，把它帶在身邊，途中我車滑落到一小水溝裏，我用它求救，卻毫無反應。沒有一點用處。我還說，我受到很多人的幫助和照顧。我深信我在遇到緊急危難時，依然能夠依賴別人，我不需要這個電子手機！

雜感

不能瞭解的事情

生活上有很多事情，使人無法瞭解。祇有隨機應變，才能解決問題。

例如：科學家可以想到送一個機器飛到太空，探測月亮的表面。但他們卻未能設計一個較好的抽水馬桶沖刷器。我家抽水馬桶水箱內的沖刷器是很古老的。它需要一個小鐵鏈連結一個橡皮球漂浮在水面。每一個沖刷器都有不同的形態。如果你去購買一件奇異的沖刷器時，應該注意它有自己的特性，否則買回來後，便不能安裝在你的馬桶裡。

另外一件事，令人不明白的：科學家們都是很聰明的人，為甚麼他們不能想出一個方法把老人面部的皺紋給填好，或者設法阻止那些皺紋發生？

再說男女老人行動的不同，在大街上，我們常見很多老年的婦女，似乎都是搖擺而行；而老齡的男人則是閒蕩慢走。又在性別上，男女頭髮的掉落也有差別。男人的頭髮掉落很快，禿頭以後反而被人看作帶有性感；但女人的頭髮並不能掉光，雖然也開始逐漸掉落稀少。據說每掉一根，卻在下顎上另外長出一根。

科學家設計的農田機械可以直線把耕地開挖播種，絲毫無誤，農人坐在機械上無需使用任何操作行動。女人在家使用真空吸塵器可以將屋內地面清除乾淨，但對椅腳，桌腳，沙發座底常常不能吸盡塵污。此外，直到目前為止，尚無任何人發明一種機器可以讓人烹煮食物，無需加以指示。所幸速食餐館可以幫忙，使人能夠解決饑餓問題。

有些人對於辨識方向常常發生困難。例如：很多人經常走錯出口大門，走向不同的停車場，因此，找不到自己的汽車。即使找到同一停車場，但因自己的小汽車夾擠在眾多的大車中間，一眼無法看到，往往費時很久，東找西尋，才能發現。

電話手機現在已為很多人所使用，成為不可或缺的通訊工具，很多人在大街上一面行走，一面低頭觀看手機中的文字，不知不覺地便衝撞上對面的來人，或其他行進中的路人，此事時有所聞。衝撞結果，重則跌傷，或發生毆打，輕則被人怒視或指手叫罵，故電話手機雖然靈便，但也使人著迷，頻生意外。

以上所述這些事項，都是日常生活中的矛盾，不能掉以輕心，同時也希望科學家們能在人類生活中細小事項裡，多加著力，解決若干問題。

許多令人討厭的事情（Irritants）

人生在世，都會遭遇到很多的可惡的事情。大者如殘忍的人，戴著黑色的假面具，屠殺許多沒有抵抗能力的人。對此，我們毫無辦法。但是對於那些小而討厭的事情，則可以把握住或設法加以防止。

看見破裂的路面，我們可以將車慢慢地開駛，不使破壞輪胎。倘若看見大路上有塌陷的大窟窿，就繞道而行，以免車輛陷落。

我們常在吃飯時，忽然接到要求捐款的電話，或由某家旅行社打來廉價乘坐海洋遊輪的的電話。當我們丟下電話筒再吃時，炒熱的雞蛋已經冷了，肉塊的肥油也已凝結了，多麼掃興。

當我正想把車開進一個停車格內時，另有一個就在停車場內把車旋轉不止，使我緊張萬分，恐怕被撞，又怕不能開進。還有一次類似的情形。當我試圖擠進一個併排停車位（PARALLEL PARKING SPOT）時，有一人卻把車停在我車的後面，不願離去，使我提心吊膽，費時很久，才能開進去停住，然已滿身冷汗，餘悸仍在。

某天，我在煮湯時，隨手拿起撒鹽瓶（SALT SHAKER）要撒鹽，忽然瓶蓋掉落，大量的細鹽都倒到鍋裡，我精心烹調的美湯，頓時變成一鍋鹹水，難以喝下。

某次，我向一家餐館訂購外送食物，不知是否由於沒有聽懂口音的緣故，當我收到飯袋時，打開一看，袋中食物不是我所訂購的，衹好退回，非常尷尬。

有位朋友郵購一件衣服，收到後卻發現與郵購之樣品不符，立即前往該店退貨，但辦理郵購退貨員因言語難懂，不能交談，乃至發生誤會，甚感惱火。

某日，到電影院裡去看電影，我的右邊鄰座觀客，不斷地大聲吃爆米花，干擾我的聽覺，雖是小事，不願與之爭執，但心中還是不悅。同時，還有人在我的座位前面走來走去，讓我不能看清螢幕，非常無奈。

在劇院觀看戲劇演出或到音樂院去看音樂會演奏，有些坐在前排席位的觀眾常常站起欣賞，擋住後排座位觀眾的視線，遭到噓聲譴責，固然咎由自取，但影響後面觀眾之欣賞，當然難免不樂。

我在公園中散步時，忽然遇見一位仁兄，任由一條高大的狼犬自由奔跑，它頸上沒有套上繩索，加以控制，使我畏懼難行，衹好停住不動，等待那位仁兄喚它離去。

當一家商店大拍賣時，在未打開大門前，早已有很多人來到門前排隊等待。可是有兩三個人忽然乘機插入前面的排隊人當中，於是排在隊伍後面的人大為光火，造成一陣喧嚷。

一位急急忙忙開車前往機場迎接親友的人，開車時一路順暢，走到中途，忽然前面發生車禍，警察管制交通，以致延誤很長時間，才能抵達機場。其所欲迎接之親友，是否已經到達或已自行離去？不得而知，令他空來一趟，大感失望。

曾有一位女士，為了出席一次婚禮，特去一家婦女服裝店，選購一件最新時尚的新衣，顏色既佳，又適合身材。豈知當她愉快地進入禮堂後，立見另有兩位女士亦穿著同樣的新裝，不過尺碼稍大一點而已。她原以為自己之新衣，光鮮亮麗，令人艷羨，至此方知未奪先機，深表遺憾。

在一家電視螢幕上，經常登載某種洗髮肥皂的廣告。其中使用該種肥皂的美女，長得一頭美麗發光的長髮，反之，大多數觀眾婦女都長著平直、乾燥、花白和稀薄的頭髮。據曾使用過那種洗髮肥皂的婦女說，那種洗髮肥皂根本沒有效果，與在電視廣告中所宣傳的完全不同，所以有很多被那廣告所欺騙上當的婦女，常要拿起石 頭向該電視螢幕砸去，藉以洩憤。

總之，以上所述，祇是常見的許多微小的不快樂與失望，但總比發生重大的災害與死亡為佳，樂觀點罷！

兩個朋友

羅絲・達波爾特太太（Mrs. Rose Dalbert）和桃樂絲。畢勒格斯太太（Mrs. Doris Breggs）已經共同住在羅絲的大屋子裡十年。羅絲自從她丈夫逝世後即要將此屋出售，但一直遲延未決。有時她感覺一個人居住在此屋，非常孤獨難過，想要有一個人來此租住。不過，她又想到有很多房客可怕的犯罪行為，未能立即採取行動。可是，最後她還是達到她的願望，不再孤獨。

在十年前的一個除夕夜，她沒有按時就寢，她要歡迎新年降臨，但她當時比以前格外感覺孤單。她非常煩躁、不安和悲傷。忽然，她心生一念，她可驅車到此地的一家小醫院去轉一趟。當她年輕時，她曾在那裡擔任義工很久，她認識所有的護士。她希望她最熟識的道琳（Doreen）在值夜班。果然，正如她所預料，道琳的確值夜班。不過，道琳忽然見她在此深夜時來此，大吃一驚，不禁面有難色，對她似乎很擔心。羅絲見此情況，立刻就向道琳解釋，她感覺很好，身體也很健康。不過，她的心情不佳，她不知道是否有一個病人在這一年最後的時刻，和她一樣感覺很寂寞？道琳的臉上立即浮出一副溫暖的微笑。

道琳率領著羅絲到走廊上說：我們這裡有一位桃樂絲・畢勒格斯太太，她整天都很激動。她在這裡被觀察和做若干試驗，因為她感覺不舒服，患有憂鬱症。不過，所有的試驗都顯示她沒有什麼病狀。道琳把羅絲帶到桃樂絲的病房，桃樂絲正站在窗前。「我把一個夜訪客羅絲・達波爾特太太帶來，她可以給你作伴，幫你消愁，使你打起精神。」說完，她就離開。

桃樂絲是一個脆弱的女人，有一雙驚惶的藍眼睛，她伸出雙手迎接這位陌生人，不久，兩人便像老朋友一樣，談得很投機。到了半夜時刻，道琳走進來，說：「新年快樂，祝你們來日安好幸福。」

桃樂絲在正月二日出院，回到她租住的老屋。但她的生活情況已經不同。因為她和現在的新朋友每天都通一次電話，互相問好，也常常互相訪問。她們兩人都同時開始了新生活，都很快樂，也都感覺好像年輕一些，每天都向前期望。

次年，她們做了一個很大的決定。桃樂絲攜帶所有的衣物和傢俱一齊搬進羅絲的家裡。羅絲給她住進一間大臥房。桃樂絲每月仍照舊房租金付給羅絲。她們輪流烹煮食物，也一起去市場購物。有時還去鎮外小遊，並在當地的飯館用餐。從此，她們身體的疼痛都消失了。彼此相處在一起，也互相感激。羅絲時常想到多年以前在 除夕晚上前去醫院一事，是多麼的奇異，現在她們已經在她的住房裡共居十年了。

今天桃樂絲提早就寢，因為她們兩人已經為她的生日慶祝過，這是一個很愉快的日子。當羅絲睡眠時，她想道：「誠然，我現在的生活確實很好，我不能再埋怨，也無法完全地表達我的感恩。」

一位無私奉獻的女人

夏太太說，當我的祖母八十歲時，她就離開了她一生居住的N小村（HAMLET），搬來我家同住。她喜歡告訴我Z小村裡的許多故事。有些非常有價值，值得記述，以下就是一例。

N小村裡的靈魂是莫絲布申格太太（MOOSBRUGGER）。她的父母是從奧地利或德國移民過來，但在她十七、八歲時便因發生一次意外事件而告喪生。她從此獨自生活，沒有親戚，也未結婚。她很努力的工作，後來便擁有Z小村的一家雜貨店。很多人稱她為當地的執法官（SHERIFF），但都很喜歡她和尊敬她。

她的店裡售賣食物，乾貨，簡單實用的衣服，五金，和許多農業機器的零件。還代辦郵政業務。對於乘坐往來Z小村的公共汽車旅客，常給他們購買車票。大多數的村民都有農場，其中有些是混合農場，比現在的農場小，仍然利用馬匹工作。

莫絲布申格太太在店中賣貨，好像從來不賺錢。當客人買四卷編織紗線時，她就加送一軸線；當客人購買一打貨物時，她就給十三件，稱此多加一件的貨物為麵包師的十三（A BAKER'S DOZEN）。小孩子跟隨母親來買東西時，她也都給他（她）們每人一塊糖果。非常慷慨。

如果她聽到某家發生家庭糾紛，她就立刻離開本店（不關門上鎖）前去勸解。同時還隨身帶去一點禮物，並以令人信服的方式使爭吵雙方和解。當有人患病或遭遇意外時，她也立刻趕去探視與慰問。她收集草藥，自製藥酒，她知道何種草藥可對何種病人治療。她也曾幫助過Ｎ小村裡的大多數的嬰兒出生。她有豐富的知識和熱忱，喜愛助人。如有某人需要某物而不能付款時，她就讓他（她）拿去。不收售款，祇在賬簿上註明，不加評論。

在Ｎ小村裡沒有犯罪行為，因為這位「執法官」眼觀四方，非常警覺，村民都很感激她。某日，有一位村民必須離家數日，莫絲布弗格太太看見傑美（JIMMY）

在此空屋前後徘徊，她就擔心這個男孩。次日，她又見他進入該 屋，於是她便靜悄悄地走過去，站在該屋門前。傑美不知她在那裡，跪在一個箱子前面，伸手取出一些東西放進他的口袋裡。「嗨，傑美！你知道你在做什麼嗎？」莫絲布申格太太詢問他，傑美非常驚駭地顫抖不止，像白楊樹葉在風中飄動一樣。「你是在偷東西，」她繼續地說：「這表示你是一個小賊。」傑美想要逃跑，但莫絲布申格太太已經把大門堵住，沒有出口。「你把取出的東西立刻放回原處，並關好箱蓋。假如你答應以後不再犯此罪，我就為你保守秘密。不過，你必須到我店中去工作，沒有工資，以作懲罰。」

這次意外事件，使傑美完全改變了。莫絲布申格太太對他努力地工作，很快的學習，和對計算數目的熟練，非常驚訝。她教導他基本的簿記原理，並承諾給他資助，如果他能讀完中學並進入最近的一所大學攻讀。傑美不負所望，果然達到她的希望。她也如願付出他的教育費用。據 說，她曾將她的居所向銀行抵押貸款為支付傑美求學所有的費用。當她知道傑美獲得合格的會計師（CERTIFIED ACCOUTANT）以後，在另外一個較大的城市過著良好的生活，她很為他驕傲。

莫絲布申格太太終生為她所住的N小村盡力服務，幫助別人，慷慨施捨。她在死後，當地的情況都改變了，很多人都搬到別處去居住，此N小村的氣氛與以前已不相同，每樣事物都已破裂。夏太太的祖母每次談到莫絲布申格太太，都對她的無私奉獻，表示非常悲傷，淚流不止，也對她致以崇高的敬意和欽佩。

一個友善的矮小老婦人

在兩月以前，佛蘭辛尼拉芳特（Francine LaFont）的丈夫便逝世，從那時起，她即過著很悲傷的日子，但她已不能回憶詳情了。她的子女們都勸她把住房與農田賣掉，搬進一間現代化的老人公寓去居住，那裏也靠近她的一位女兒住家。

她的房產與農田賣出後，獲利很多。她也收到一筆為數可觀的她丈夫的壽險賠償金。她的女兒幫助她搬家，選購最好的傢俱，也買些新的東西，還買了很多的食物，蔬果，和冰凍魚肉，放在碗櫥裏，冰箱裏和冰櫃裏。

佛蘭辛尼搬進新公寓已有十天，但她幾乎沒有進食，也不能睡眠，她感覺已完全無家一樣。在度過六十年快樂的婚姻以後，她已被遺棄。她的生命已經沒有甚麼意義。當她從陽台門走向進口房門時，她想，她已沒有前途，也沒有任何希望，她自問了很多次。「碰碰！」忽然有人敲打她的房門，她大吃一驚。是誰呀？她不認識這棟公寓裏的任何人，她的女兒也有她房門的一個鑰匙。接著又有一陣敲門聲。她勉強地把房門打開，看見有一個矮小的老婦人，站在門口，手上緊握一個棕色大袋，面孔友善地說：「啊，佛蘭辛尼，我是卡拉若貝克（Kiara Baker），我住在你的隔壁，有好幾天我希望可以在走廊裏或娛樂室裏遇見你，但你似乎沒有離開過你的房間。」

她逕自進入房內，把袋子放在一張椅子上，並掃了一眼屋內。「咦，好可愛的盆栽植物，它們快枯萎了。」她立即從廚房裏取水給每一盆植物都澆了水。對此，佛蘭辛尼大為感動。之後，卡拉若又從棕色大袋中取出一塊大桌布，問道：「你能給我一點建議嗎？」佛蘭辛尼看到這塊刺繡，很感興趣。並驚嘆道：「這塊桌布做得真漂亮！」但這塊桌布有些地方仍沒有刺繡，卡拉若不知該選用哪種顏色的絲線去完成它。她見佛蘭辛尼打開抽屜，取出一大堆絲線，並對她說：「這些絲線你可以隨便使用，因為我的眼睛不好，我已經很久沒有刺繡了。」卡拉若非常高興，選了一團鮮紅的紗線，其它顏色的紗線每樣一束塞進棕色大袋裏。並對佛蘭辛尼說：「請到我的公寓來，我將泡茶與你共飲。」

卡拉若的公寓很小，也沒有陽台，廚房是在一個小角落裏。她正在那裡煮茶，並端出一盤餅干。她對佛蘭辛尼說：「我明白你的感受。我在六年以前，也遭受過同樣的悲痛。那時這棟公寓大樓剛開始出售。我要買一間公寓，因為我的住宅不能盡快地出售，過了很久，只好賠點錢以賤價出售。因此，我只能買此便宜的小公寓。同時也由於物價高漲，我必須節儉生活，才能居住在這裡。但我喜歡觀看屋外的公園，那裡夏天非常美麗，那裡有很多的大樹，草地很整潔，小道上還有很多的花壇。此外，還有一個小池塘，水中有睡蓮，也有金魚在裡邊游來游去。」

看到佛蘭辛尼悲傷的臉龐，她繼續說：「悲傷是正常的，也是療傷的一個過程。不過我們被留在最後，是有原因的。我們仍然有很多的工作要做。對於那些不如我們幸運的人，我們可以讓他們的生活過得稍微容易一些，也可以讓他們生活增加一點歡樂。」

她倆繼續談論很多的事情，卡拉若問道：「你是否還作任何針線工作？編織衣物，用鉤針編織？」佛蘭辛尼回答：「有甚麼用處？我家裡沒有人要穿手織的衣服。」卡拉若建議說：「不過你可以給那些需要的兒童編織。許多教會小組和團體非常高興有東西分發。我完成這塊桌布以後，我將編織一條阿富汗毛毯。我要將它送給也住在這棟大樓的葛札太太（Mrs. Goudza）。她已將近九十歲了，乘坐一台輪椅，但仍然堅決地要過獨立的生活。當我去見她時，我就感覺更加富有。我經常去看她，我會給你介紹和她認識，她很孤獨，沒有家人。」

當佛蘭辛尼回到她自己的房間裏以後，她第一次真正地觀察了整個室內。這間公寓確實很寬大，陽台也很寬廣，她可以放置很多盒子，盆子和掛籃，都可在裡面種植花卉。她也有一個大的廚房。佛蘭辛尼忽然大聲地說：「好！我要邀請卡拉若每週到我家吃兩次晚餐，這將對我有伴，也可幫助她節省一點膳食費用。」同時她也計劃開始編織衣物。然後她再觀看冰箱。裝滿那麼多的食物，她恍然大悟，她已有很多天未曾好好地吃過一次飯。現在她的胃口很好，吃了很多，隨即感覺很疲倦，便去臥房睡覺。在她第一次進入沉睡與無夢之前，她喃喃自語地說：「上帝，謝謝你，賜福給鄰居那個矮小的老婦人！」

雙胞胎姐妹

在九月裡某日，夏太太從N小鎮乘長途公共汽車去耶克登市（YORKTON）。當該車停在某一站時，有一婦人上車，坐在她的鄰座。她面露愉快發光的眼睛，夏太太不禁重複地注視她，並對她說：「我今天確實看到你是一位非常快樂與滿足的人。」

這位婦人回答道：「我以往不是都像這樣快樂的。現在我可以向全世界大叫我是何等的高興。我是我父母唯一的小孩。在我十六歲生日時，他們告訴我：我是收養的。我的親生母親在我們出生時便捨棄了我們。由於官僚辦事的錯誤，無人知道我的雙胞胎妹妹被送到何處，和她是否仍活在世上。我的養父母非常愛護我，我做任何事情，他們都全力支持。我讀完中學以後，便開始在一家銀行工作，我決心要以此工作為職業。此後，我便常常被調往另外一個分行工作。慢慢地我便升上負責的職位，直至我擔任抵押貸款與商務信用主管時，忽然我的養父母都先後去世。

我繼承了我父母所有的財產，加上我自己的儲蓄，我買了一所較舊但保養良好的大房子。隨後，我便詢問我的上司，是否允許我在N小鎮永久服務？一位上司向我保證。他們不會讓我被調走，但自此以後，我必須每週要到另外一個分行去工作兩次。沒有我的父母在家，我感覺完全孤獨無依，但未消沉。我在空閒時，便努力整頓我的房產，使前後院變成一個美麗的花園和果園。夏天繁花紛開，秋天蘋果、漿果等掛滿樹上。憑窗觀看，非常愉快。

當我六十歲時，我決定縱容自己一下，改變以往的質樸生活。過去唯一感覺興奮的節期，就是聖誕節，我都返回我父母家中，共渡良辰。但現在已無人和我共渡佳節。因此，我飛往多倫多去觀看那個大都市的聖誕光輝。我要去參觀那裡裝飾奪目的商店，也要去高雅的飯館進餐，還要住進市中心的皇家約克旅社（ROYAL YORK HOTEL）今年是我第三次飛到加拿大東部多倫多市，那裡又改變了很多。

去年當我走進席歐斯（SEARS）百貨公司時，我突然停住，像被冰凍了一樣。眼看離我不到兩公尺遠地方，站著一位女人，定睛地注視著我。她看起來和我長得一模一樣，她有和我同樣的身材，她的眼睛和我有相同的顏色，她的頭上和我有相同的白色短髮。我們彼此互摸對方的前額，都想知道對方身體是否良好，我們都好像看到一面鏡子，現出自己的身影。她反應較快，拉著我的手，口吃地說：「你一定是我的雙胞胎姐姐！」她立即帶領著我走出人群，進入一家咖啡館坐下。首先，我們開始互問姓名，這使我們喀喀地發出笑聲：道蓮和道玲（DARLENE AND DOREEN）。

道玲曾被很多人家收養，大多數時間都不快樂。她知道她的母親曾將雙胞胎送給別人收養，但不知道任何關於她的雙胞胎姐姐情況。她是一個很優秀的學生，常常獲得獎學金，也進了大學讀書。她心裡只有一個目標：要努力把工作做到很成功，以便忘記過去的痛苦。她在一家有名的財政機構服務，非常愛好她的工作，正如我喜愛我的銀行職務一樣。她一直在多倫多市工作，擁有一所公寓。

我們立刻向皇家約克旅社取消我所訂住的房間。道玲讓我坐上她的車，直接開到她的家中。她擁抱著我不斷地說：「道蓮，道蓮，我的雙胞胎姐姐！」我觀察公寓的內部佈置：都和我有相同的審美觀念，有和我相同喜愛的顏色，與和我相同安排的傢俱，因此，在這裡我又得到一個證據，道玲確是我的雙胞胎妹妹。我們在此渡過一次最愉快的聖誕節。我們屢屢手牽著手一同坐在沙發上，不發一言，但感覺很快樂的和親人同在一起。

次年夏天，她來到我家，我非常高興地歡迎她。她告訴我，這是在她的生命中第一次感覺有回家的歡樂。當她停留時，我們即申請將此屋改為我們兩人所共有。她返回多倫多後，即將此屋半價款項寄給我。今年的聖誕節，我將仍去她的多倫多公寓作最後一次的訪客。明年，我們兩人都要退休，她將搬來此地，和我一同居住在這棟草原地區的家中。我們有很多的計劃，將共同實現。現在你就知道為什麼我是如此的快樂，滿臉發光。因為我終於有一個親人，我思念了六十多年的一個妹妹和我住在一起，永不分離，共渡餘生。」

一百歲的老太太談長壽

艾勞克太太（Mrs. Redlock）坐在靠椅上，停在客房的窗邊。因為她現在已是一位名媛，有位記者要在午後來此向她訪問，現在已是下午兩點，她不時注視著時鐘，似乎有點緊張。她對正在廚房中忙碌的女兒說：「勞利（Lori），我的臉面還好看嗎？我的頭髮紊亂嗎？」勞利笑道：「媽媽，我已經告訴你很多次，你的外表看起來，不能再好了。你的頭髮，的確很整潔。我敢保證，無人會相信你今天已經是一百歲了。你要輕鬆一點，那個記者現在隨時就要來到這裡，希望你能夠順其自然，不必擔憂。」

艾勞克太太已在農場居住數十年。她曾與其丈夫併肩工作，生育兩位兒女，他們都不喜歡農耕。老大為男兒，讀完大學後，就搬到了哥倫比亞省（Province of British

Columbia）每年都開車返回沙省（Saskatchewan）探望父母一次。現年已七十五歲，有一個大家庭，但因身體衰弱，已經不能再開車遠行，不過每兩天仍打一次電話向母親問安。老二為女兒勞利，自大學畢業後，即在中學教書，現在已經七十三歲。艾勞克太太的丈夫已經逝世三十年，最初，她還保留農場，後來，她被勞利說服，賣掉農場，搬到城市與她的女兒同居。她們母女倆相處甚好，每天都有相同的步調，閱讀相同的書。兩人都喜歡玩文字遊戲和填寫縱橫字謎，彼此都很愉快地生活在一起。

當門鈴響了，艾勞克太太的思緒便被打斷。勞利連忙去開門，讓那記者進來。她放一張椅子在靠椅對面，另在椅子旁邊放一小桌。然後端出一杯咖啡和一碟餅乾，放在小桌上，讓那記者飲食。首先，那記者測試艾勞克太太的記憶，問她何時誕生？艾勞克太太笑道：「啊，年輕人，你先從二〇一五年減去一〇〇，便知道我的生日是一九一五！」那記者聽後，兩臉發紅。他隨即取出一本拍紙簿和一隻鋼筆，然後對她說：「我沒有攜帶一個錄音帶，因為我聽說你不喜歡所有的現代小機械。請你告訴我為什麼你不要電腦，手機和電視？」

「我是一個愛好讀書和喜歡聽無線電廣播的人。我曾經不止一次收聽和閱讀所有電子機械所創造的煙霧，籠罩著地球上，傷害所有的生物。這種煙霧很濃密，使我們不能看見我們的手臂。此外，人們與機器的互相反應愈加頻繁，對於人類彼此之間的交通反而變成很膚淺了。你只要觀看在飯館裡的情侶，火車上的乘客，和等候學校汽車上學的兒童就可證明，這是一種很可悲的發展。至於電視，我不能看到所有戰爭與大屠殺的形像，以及難民的悲慘和自然的災害，因為這些圖片會深印我的腦際。但收聽新聞，我可以自己幻想其形像，可以隨時將其拭去。」

「你能否告訴我你如何保持你的身體如此健康？」

「我經常對任何事情都感覺很高興，即使實際情況並不如此。我也保持一種感恩的態度，因為每一天都是一個恩賜和學習的挑戰。我一生都努力工作，也盡量用腦讀書和學習。睡眠也很重要，我每天仍然早睡早起。我們平日都吃很多新鮮的蔬果，都是由自己花園裡採摘的，不含任何的農藥。只有在週末時，才吃肉類。我們自己宰殺健康的家畜，它們都沒有用過獸藥，不會傳染毒菌。」

那記者把每樣事情都記下，對於下一個問題，卻沒有得到答案。因為艾勞克太太這時已經睡著了。勞利立即走進室內對他說：她母親每天要小睡數次，你現在應該離開了。今天是艾勞克太太很重要的一天。在中午以前，有好幾位不同機關的代表，本市的市長，和教會的牧師都帶鮮花來此向她慶賀。

當艾勞克太太睡醒後，她說：「現在我要一杯咖啡和一塊生日蛋糕。」她滿臉融光，精神煥發。「這是一個很好的一天，現在我很高興，我又與你單獨在一起，我喜歡活著與你同在一處，我想，我還會再活很多年！」

寡母與獨子相依爲命

瑪瑞安妮（Marianne）的鄰居，凱西（Kathy），已經把她的房屋賣掉，特來向她作最後一次的道別。在過去三十年中，她們兩人合作很久，現在分別，非常難過。

凱西的丈夫漢斯（Hans）在與她結婚以前就買了這所房子，他是一個很節儉的人，他把積蓄都投資在這所房子上。他在北方一處礦場工作，工資很高，但他沒有把它們浪費掉。他買了房屋火險，壽險，然後他就和在中學時相愛的女同學結婚。凱西和他非常相配。她管理這所房屋，在屋後園建了一個美麗的花園。她經常很性急地等候他回家，共度時光。漢斯離家很久，這次她不能等待地要告訴他一個消息。凱西已經懷孕。也知道是一個男孩。但是漢斯還沒有聽到這個消息，因為他在 一次意外事件中突然喪生。

當凱西知道她的丈夫死亡時，她想不能再活下去，我記得我曾陪伴她，安慰她，和她在一起很長的時間。我要她想到她腹中未生的兒子，她的丈夫會生活在她的兒子身上。她的兒子出生後，她就以她丈夫的名字命名，叫他「漢斯」。從此以後，她的一切生活行為都圍繞著他。不久，她發覺他的眼力不好，他必須要帶上強度的眼鏡，長大以後，必須開刀治療。

漢斯帶著很厚的深度眼鏡，使他看起來與眾不同，他的行動也與人相異，他是一個夢想家，生活在一個想像的世界中。因為他不知道日常的生活。他被殘忍地欺凌，女孩子也嘲笑他。他唯一的朋友，就是他的母親和我。當學校放學後，有時我站在花園裡等候他。我把做好的巧克力布丁（Chocolate Pudding）給他吃，或者我給他一碟從花園裡採來的新鮮漿果（Berries）。我們談了幾句，然後他就回到家中。凱西和他一樣遭受著痛苦，但從未表露過。她最喜歡說的話，就是「每樣事情結果都是為你好。不要憂愁。欺凌者是心靈衰弱的人。沒有人真能傷害你，因為你是上帝的小孩，祂的眼睛會看著你。許多年後，你會對所有這些事情大笑不止。」

漢斯在高中最後一年，成績極佳。因此，反而更加受到欺凌。某日下課後，又發生一次對他欺凌的事件。當時幸有一位新來此校就讀畢業班的男同學，個子高大，走近三位欺凌者面前說：「假如我再聽到你們多說一句，擔心你們的骨頭！」他們大笑地向他挑戰：「很好，我們現在就試一下手腳罷。」不過，他們低估了那個男孩的力量和其靈活的行動。在他們想到如何動手以前，他們已被打倒在地。還讓他站在他們的身上。他說：「不准你們再欺負人，否則我要把你們都打成肉醬！」然後他把他手臂圍繞著漢斯，帶領著他走到管委會安靜的角落。漢斯對他致謝，並問他的姓名。他叫歸銳斯（Chris）。從此，他倆便成為好友。即使他們分離後各在不同的地方求學和就業，仍然保持聯繫。

漢斯獲得他的新朋友以後，非常興奮。也因此漢斯完全改變了。漢斯高中畢業時，為全班成績第一名，獲得好幾個大學的獎學金。他母親知道：他到任何大學就讀，必定是一個頂尖的大學生。

當漢斯的眼睛開刀日期確定後，凱西被告知沒有任何一位醫生可以保證開刀的結果。但凱西堅信漢斯這次開刀，一定會有良好的結果，她也認為他的眼力一定也會恢復，以後不需要再戴眼鏡。數月以後，漢斯開始接受他的高等教育，就不戴眼鏡了，正如他的母親所預料的結果。

現在凱西要搬到東部，那裡是她的兒子第一次被一個國際大公司的研究部門所僱用。凱西和漢斯計劃買一個小公寓，母子同住在一起。我對凱西離開此地，非常不捨。但同時也非常高興。

每樣事情都如她所深信的獲得圓滿的成功。雖然她曾遭遇過很多的困難，但她沒有一次表示灰心，疑慮或悲感。我決不會忘記她是如何在極艱苦的活動中，毫不動搖她的信心和積極的希望。

儲金盒

在麗薩（LISA）去世以前，她喜歡與斯密司太太（MRS. SMITH）談論她的生平故事。斯密司太太對她所說的一件事，使她印像非常深刻，特記如下：

麗薩的祖父是於十九世紀末從匈牙利的一個小地方，攜帶兩個兒童移民到加拿大。他們能在此地耕種農地，最後還能購買農田，非常高興。

她的祖母還把她的母親給她一個儲金盒（CASHBOX）帶到加拿大。那個儲金盒很重，體積大約為 11x8x6 呎，能防火。她把鑰匙放在另外一處，以防偷盜。據說該儲金盒內裝有很多美鈔，以便在貧困時取用。

後來他們又陸續生了六個小孩。平日勤勞地工作，多年以後，便購買了一處農地，鄰居們都很羡慕他們。在此之前，他們也曾遭遇過許多困難，如以現在的標準來看，他們仍然是很貧窮。當經濟情況惡劣時，她的祖母就要打開儲金盒，取出美鈔使用。但她的祖父拒絕她的建議，他是一個很驕傲，個性很獨立的男人。他說，困苦的時刻，可以使我們更加堅強，我們必須努力工作，克服困難。

他們的子女在長大後，都陸續地離開農地。只有她的母親玫瑰（ROSE），她於一九〇〇年最後出生，仍然留在家裡。她很喜歡與她父親一起在農地工作。當她十八歲時，她遇見一個從捷克斯拉維亞（YUGOSLAVIA）來的移民，在鄰居農家幫助工作。她倆時常相見，慢慢地便墜入情河，一年後，倆人便結婚了。他的名字叫博銳斯（BORIS），跟隨她的父親工作，她的父親也把他當作兒子一樣看待。博銳斯不停地工作，很喜歡農田。

一九二〇年，他們倆人生了一個男兒，取名傑飛（JEFFREY），很像其父。在他未滿二十歲以前，他就如成人一樣地工作。因此，他們能夠購買更多的土地，增加農業的收入。當他們年老了，他們就帶感恩的心情退休，移居在同一塊農地新建的小屋裡。她們從身無一物來到新大陸，現在已擁有一塊相當大的良田，足以遺傳給下一代。玫瑰與傑飛曾經希望再生幾位子女，一直未能如願。僅於十二年後，我才於一九三二年降臨於世。

當我的哥哥長到二十一歲時，正值非常艱困時期，他就收到那個儲金盒，但他拒絕收下，卻要我保有。當我們的雙親在一次公共汽車車禍中喪生後，剩下的農田就成為我哥哥的生命。他沒有結婚，但常常照顧我，當我邀請愛人時，他就警告我：「麗薩，這個人不適合於你。洛克（LUKE）已有一塊很大的農田，但他忽略它。我還聽說他有許多醜陋的劣行，即使我不去管那些壞事，他也不會使你快樂，我想我們的父母也會對你說此同樣的話。」可是我還是和洛克結婚了。幾年以後，我已感覺我哥哥對我的勸告非常有理。現在回想起來，我很高興，我們沒有生兒育女，否則，吵鬧不已，恐怕很難生活下去。洛克是一個充滿憎恨的人，經常妒忌別人，不喜歡工作，總是埋怨，好像人人都欠他什麼！

當我哥哥六十五歲時，他以高價把農田賣掉。他知道他需要有更多的土地，更大的和更新的農機，才能和別人競爭。他沒有這樣做，就把農田賣了，搬到城裡一所近代化的老人院居住。他仍然去做義工，還時常打電話對我說：「如果有需要，我會來幫助你。」我丈夫對我哥哥能以高價賣出農田很氣憤，他對自己的貧窮也很憤怒，他常常逼迫我去打開儲金盒，取出美鈔幫助他。我被迫很久，終於屈服，希望藉此使他滿意。

當他把鑰匙插入儲金盒後，他的手在發抖。她從儲金盒裏取出各種外文的文件，沒有一塊美金。只有一張紙，上面印有四種文字，其中一種為英文「信任上帝」幾個字，洛克看了大怒，對我大吼道，「你是說謊人，小偷，你已經在很久以前就把美金取出。或者已將那些美金給了你哥哥，我恨你們兩人。」隨後他先砰然關閉了所有的大門，再衝出屋外，自此以後，他很快地就走向下坡，每天飲酒，越飲越多，終因心臟破裂死亡。我把農地出賣所得，僅足償還他的欠債，沒有餘款留下。他如何有此龐大的債務，我毫不知情。

此後，我哥哥慷慨地幫助我。如果沒有他按月給我支持的金錢，我就不能居住在這所良好的房屋裏。他已經快到九十歲了，我相信他會活到一百歲，我也相信我會死在他去世之前。我很感謝我的祖父母，和我的父母，因為他們的智慧和勤勞的工作教誨我們，使我們能夠堅強地獨立生活，這也是古老國家的人民豐富了加拿大的生活形態。雖然我有不愉快的婚姻，但比起其他國家的人民，我仍過著很好的生活，現在我也準備好隨時離開這個世界，不以為意。

一件羊毛衫的故事

當她的丈夫逝世一年以後，戴爾瑪（DELMA）便把他的一件白羊毛衫留下，所有其餘的衣服都捐贈給救世軍（SALVATION ARMY）。

這件羊毛衫是她在她丈夫躺在醫院裡病床邊親手編織的。當時她丈夫曾用脆弱的手撫摸著它，低聲地說：「我不能再等待很久去穿它。它是你所編織的一件最美麗的衣服。」不過，即使在她織好以前，他便辭世。

兩年以後，戴爾瑪在尋找衣物時，又見到這件白羊毛衫。由於她丈夫是一個高大、寬肩的男人，適合穿此羊毛衫。但她身體矮小，不能穿上此衣。因此，她乃決定把它送給節約商店（THRIFT SHOP）去出售。隨後，她就像她丈夫在世時一樣，到一家餐館去吃午飯。這是她每隔一些時日的外食慣例，以此打斷日常烹煮的麻煩。

戴爾瑪喜歡去有名的希臘餐館用餐。當她等候所訂食物上桌時，她端著一杯熱咖啡吸飲，以暖和寒冷的感覺。她正在沉思，沒有注意進來一位男人，坐在面對她的座位上。等她抬起頭來，她的眼睛頓時凝視對面：那個陌生人穿著她親手編織的白羊毛衫，非常合身，使他很漂亮。看著他的面孔，她懷疑為何他要到節約商店去買此衣。雖然她不要再看這件羊毛衫，但她的眼睛卻不聽從命令。此時，那位陌生人也注意到戴爾瑪的表情。

那位陌生人馬上端著一杯咖啡，走到她的桌前，問她是否願意讓他與她同坐一桌？你不斷地觀察我穿的羊毛衫，我可以告訴你我買這件羊毛衫的緣由。首先，我要告訴你，我的姓名是亨利.楊（HENRY YOUNG）。最初，戴爾瑪感覺有點不自在，隨即便傾聽他的敘述：「我在同一地方工作了很多年，不久以前，我失去了那個工程師的職位。從此，我過著很艱苦的日子。以前我計劃要繼續工作到六十五歲，現在我才五十多歲便失業了。我已經送出很多求職信，都沒有答覆。我被迫過著節約的生活。當我需要一件溫暖的衣服時，我忍受了我的自尊，走進節約商店，購買這件羊毛衫。我看出這件羊毛衫有高品質的羊毛，編織也很精細。我付出很低的價錢把它買下，感覺很羞恥。不過，此衣給我帶來好運。當我決定再向各大公司求職後，不久，我就被羅拉家具中心（RONA HOME CENTRE）僱用了，他們還告訴我，雖然我的年齡已高，仍有機會升遷。此為我來此餐館吃午餐的原因，藉以慶祝獲得新職。」

此刻，他們兩人所要的食物都一同送來，於是她們在互相陪伴下共進午餐。同時，戴爾瑪也告訴他編織與出售這件羊毛衫的全部歷史。她們在交談中，也發覺彼此都無親屬。年老的一代都已去世。兩人都曾結過婚，但都無子女。亨利的妻子在三年前病故。吃完午餐後，她們兩人交換了彼此的電話號碼。戴爾瑪從不期望這位年輕人會幫助她。可是，在冬天時，甚至在他未上班以前，他仍然開車到她的住所，為她的車道鏟雪；臨到夏天時，他在週末期間，也到她的花園幫她做很多的工作，或為她剪草。有時當他看見她已做完大部分的工作時，他竟發怒。不過，在他的心裡，他很欽佩她的精力和她的獨立性格。當他看見戴爾瑪屋裡有些小東西需要修理時，他立即就把它們修好，戴爾瑪對他非常感激。

當亨利過五十五歲生日時，戴爾瑪特地為他開了一次慶生會。桌上擺滿了花卉，蠟燭，古銀器和瓷器。都是她的母親和祖母遺留給她的寶貴紀念品，營造歡樂的氣氛。她還烘焙了很多他很愛吃的餅干。後來當他擁抱她時，他說：「我已經接受孤獨的餘生，但我卻找到了一位了解我和愛我的母親；我未能盡力幫助你；謝謝你，謝謝你！」

戴爾瑪微笑地沉思著：「我沒有想到在我現在的年齡，我會得到一位兒子！不過，再過數月，我就長滿八十五歲，你使我又年輕了！」

捐贈骨髓使陌生人彼此變成好友

六年前，馬赫亞（MAHURA）和曾步科（ZEMPKO）是兩位陌生人。一位是加拿大樂善好施的母親；另一位則是以前的美國海軍陸戰隊隊員。他住在聖地牙哥，喜歡跑步。

在二○○七年九月，四十四歲的馬赫亞已有三個兒子，忽然身患血癌（LEUKEMIA）。醫生告訴她，如果不能獲得幹細胞移植（STEM CELL TRANSPLANT），她可能死亡。

從此，馬赫亞就停止接送年幼的兒子們到足球場去練球，也不再去他們的學校做義工，更辭去在集錦簿店裡的零工。

當她開始接受強烈的化療時，她的奢華的住房立刻便改成一間病房，讓她的朋友，丈夫和兒子們每日都到那裡探訪。

她說：「我與病魔奮鬥，因為我有三個兒子，和一個丈夫，我不願離開他們。」當醫生檢驗她的四個兄弟姊妹都沒有和她相配的骨髓時，她祇好向國家骨髓登記處求助。

在距離三千公裡以外，運動員曾步科正要開跑時，忽然接到從國家骨髓登記處打來的一通電話說，需要他的幹細胞。

曾步科回憶說：「我立刻回答，我願意幫助任何一個需要的人。」

自從一年前，曾步科因過去一位同為海軍陸戰隊隊員的八歲兒子患血癌逝世後，激發他的同情，立即去向國家骨髓登記處報名登記。

馬赫亞在加拿大的卡加利市（CALGARY, CANADA）剛做完化療時，就接到用一個塑膠袋裝著曾步科的幹細胞。

她祇知道這袋幹細胞是一位男人捐贈的。她以為他是一位從意大利出生的「美男子」。

但曾步科也祇知道他的骨髓是捐給一位四十四歲的女人。醫院規定：對捐贈骨髓者，在其骨髓移植後，要隱名一年，因為很多受贈者都不能存活一年。

在滿十二個月後，捐贈骨髓者和受贈的病人都同意時，他倆就可互相告知彼此的電郵地址和電話號碼。

當馬赫亞開刀手術復元後，便逐漸增加力量，恢復往日的生活。每天她都想到她的捐贈人，即使她在最困難的時刻，她也從床上起來撰寫她的部落格，使她的朋友和家人知道她的近況和靈感。

她說：「我常常都寫那位幹細胞捐贈人，他必定是一位令人驚訝的人。」

同時，曾步科也花費了無數的時間想到受他捐贈幹細胞的那位女人，尤其是在他接受馬拉松長跑訓練時。

馬赫亞在接受骨髓移植滿一年一個月以後，就寫一封電郵給曾步科。

曾步科回憶讀信時，信中第一段說：「不僅我被救了，十七年的婚姻也被救了，三個兒子現在也有一個母親。」我不能再讀下去。我流下滿臉的眼淚，你不知道這股令人感動的力量有多大，你祇知道你已做了一件很仁慈的事情，一個很好的行為。

馬赫亞說，寫電郵雖然很困難，但很重要。「我要他知道我是社區裡的一員，我受人愛戴，且有三個兒子，我覺得告訴他，捐贈骨髓是一件很好的行為，非常可敬。」

數星期以後，馬赫亞飛去聖地牙哥，觀看曾步科在二〇〇九年五月以她的名譽替血癌病人作馬拉松長跑。

此後數年，他倆的關係，已經超過疾病和幹細胞了。馬赫亞說，當我們相聚時，已不再談論癌症了，而是互相鼓勵，彼此都把對方記在心裡。

在曾步科開始約會懷寇（WACKER）以後，他覺得要讓他的幹細胞受贈人會見她。

馬赫亞說：「他知道她是他的意中人，他確實要帶她來見我。」

曾步科和懷寇在二〇一三年夏天曾到加拿大卡加利市遊覽。除了觀賞卡加利市騎牛競技表演和到附近的加拿大洛磯山參觀風景外，懷寇也和馬赫亞說得很投機，發生了親密的感情。

馬赫亞回憶說：「當我會見懷寇後，我即認為她是和他完全相配的一對。」據曾步科表示，他和他的未婚妻在決定要請誰為他倆證婚時，都認為接受他捐贈骨髓的那位婦人應該是最佳的選擇。

因此，馬赫亞說：「我確實體認到我已對曾步科發生了很大的影響力，我已經成為他的生命中重要的一部分。」

當克文曾步科（KEVIN ZEMPKO）在聖地牙哥旅館舉行婚禮之前，從加拿大卡加利市來的戴安尼馬赫亞（DIANNE MAHURA）便站在兩位新人的面前，面對一三六位觀禮賓客，正式為他倆證婚，達到馬赫亞和曾步科友誼的最高峰。

一位黑人的獨白

當貝克太太（MRS BAKER）坐在紐約州水牛城（BUFFALO N.Y.）機場的候機廳時，她看見大多數的人都在假寐或看書，衹有一位年老的黑人，坐在一個角落處，拄著一根枴杖，似乎注視著他的鞋子，大聲的自言自語使所有等機的人都能聽到。

他開始詢問：「我不知道有誰購買飛機票是付現款的，我敢打賭，每人都是使用一塊塑膠卡（信用卡）付款的。使用信用卡付款是要付很高的費用，積欠的債務都要付很高的利息，銀行就是由此賺大錢。為什麼你們不把錢節省下來，為自己想要花費的地方，或想購買所需要的東西而使用？節省是一件愉快的事情，你會感覺你有一筆大數目的金錢，可以使你購買所需要或愛好的東西。『現在享受，以後付款』，那是錯誤的思想，不過，全世界都是如此受騙，搞得天翻地覆。」說到這裡，他掏出一塊大手帕，擤鼻涕。

「為什麼很多人都常說需要成長？銀行必須要到處賺錢，這是成長。工商業也都要賺錢，甚至政府也是一樣。你們有誰看到一棵樹會永遠生長嗎？」對此，他大笑起來。

「有愛的上帝決不讓一棵樹長到天空。它們都能長到一定的高度，然後便停止再向上面長高了。不過，很可笑呀，我們都想要每樣東西不斷地成長，長了越大越多，卻不要終止。」

我已經在一次戰爭中喪失了兩個兒子。如果你們問我是在哪一次戰爭，我不能告訴你們。對我來說，所有的戰爭都是一樣的：殺人與傷害、毀滅、製造飢餓和難民。請你告訴我，在所有的殺戮之後，這個世界是否已經變成一個更好的居住的地方？請你再告訴我，是否有任何戰勝國真正的勝利了？你不告訴我！我已經住在這個地球上很多年，我還沒有看到一個。他指去眼中的淚水，嘆息一聲。

「請問有多少動物已被殺死和根除，還有多少植物已被消滅？據說已有成千上萬了。它們都是生物的種族，都已絕種。請問誰能理解開發的傷害暴行！我們對於自然的傷害，就是對我們自己的傷害，因為我們是自然的一部分。如果我們毀滅了我們的環境，我們就殺害了一部分的人類。我們已經如此做了，此即為什麼我們心中沒有愛的緣故。我們已不再關心我們的鄰居，甚至不再去關心我們的家庭。大家祇要有兩個收入而不再管教兒童。他們把兒童送到托兒所去，也不再去照顧年老的父母，那些老人都在家裡過著寂寞和憂抑的生活。當我幼年時，幾乎每個家庭都有一位祖母或祖父，這些家庭雖然都很貧窮，但與富裕的家庭過著同樣快樂的生活。」

當此黑人停止了他的獨白後，他抬起頭來向四周觀看，所有候機的乘客又恢復了假寐，或再打開了書本，不過，他們都已聽到他的獨白。當他看著我（貝克太太）時，我向他表示一笑，我還告訴他，他說的這些話，都是真實地發生的事 情。他握著我的手說：「老姐姐，假如我們再不改變我們的思想和生活，我們都將滅亡，是呀，我們都將一起滅亡。」

妄言妄聽：人死後要進入另外一個美麗的天地

夏太太（MRS.MARIANNE SCHAROFF）和麥太太（MRS. MYRTLE）是鄰居，也是好朋友。最近，她們倆人坐在麥太太的客廳裏，談到她們逝去的丈夫。夏太太對麥太太說：「我時常想知道他現在何處？他是否仍參與在我的日常生活中？他是否仍能思想和有感覺？我非常想知道。」

麥太太微笑著告訴她下面的一個故事：

我家有五人，我是長女。吾弟傑克（JACK）比我小兩歲半，小妹貝蒂（BETTY）比傑克小兩歲。貝蒂五歲時因患腦膜炎去世。傑克當時已進小學，對她的死亡，非常傷感。當他每天從學校回來時，她都跑出去迎接他。他們倆人很親密。

我們住在城市裏，當假日來臨時，母親就開車把我們帶到湖邊，住在我們的小木屋裏，父親在週末時也到湖邊去。那湖很小，也隱蔽。附近還有五、六家小屋，都住有大人和小孩。湖水很溫和。我很喜歡游泳，也常遊到很遠。但傑克不會游泳，他祇在水淺的岸邊玩水。某日，一位鄰童要求他到其小船上去划船。傑克早被禁止踏上小船，但那位小孩對他說，他的小船非常安全，傑克被他說服，於是他們一起上船划開，划到湖中央後，小船卻傾覆了。傑克落水沉下。

不遠處有一家小屋，屋主全年都住在這裏，他的名字叫托波（TURBOT）。他很友善，但不與別人常相往來。他已經注意到在小船上的兩個男孩。當他看見小船翻覆時，大男孩遊到岸邊大叫「傑克要被淹死了」。托波立即很快地遊到那翻覆的小船邊，潛入水中。

很多人都聚集在岸邊，當時我母親想到，如果她再遭到第二個小孩死亡，她就不能生存了。當時托波已將傑克帶回，並傾力將傑克所吞下的湖水弄出，然後用口對口呼吸，要使他復活。這時母親在哭泣，並祈求傑克醒來。托波很鎮定地拚命呼吸，決心要使他復活。不說話，即使有一個人說：「托波，放棄吧，他已經死了，像石頭一樣！」另外有些人則祈禱神蹟出現，果然，不久神蹟真的出現了。傑克恢復了脈搏和呼吸，眼睛緩緩睜開，他慢慢坐起向四周觀望。母親立刻伸手要把他抱住，他敏感叫一聲：「你在做什麼？你為什麼把我帶回來？我要停留在那裡，你為什麼要救我？我要回去！」此時托波就對他說明救他一事，使他平靜下來，並要傑克說出溺水的「死亡」經過。

傑克說：「一開始我在水中掙扎，後來我感覺很寧靜，從未曾有過的感覺。我無法用言語來形容那種感覺。在那之後，我感覺自己到了一處充滿溫暖，有陽光和花草的地方。那裡有著這裡所沒有的色彩。我看見貝蒂從遠處張開雙臂跑向我，正如我從學校回家時一樣。不過，當她靠近時，有人把她抓回去，但他仍向我微笑揮手。」然後他伸出手指對著托波說：「你，你這個老人破壞了這一切，把我帶了回來。」托波回答道：「傑克，你妹妹不能和你相會，有其原因，你仍須在這裡工作，在你能去那個神奇的地方以前，你必須幫助別人。」

麥太太和夏太太都很安靜地回想著。最後夏太太問道：「你的弟弟傑克現在仍然活著嗎？」「是，他仍然活著。他現在是一個很快樂的人。這個幼年時溺水的「死亡」經驗，改變了他的整個人生。他讀醫學，現在他已退休，但他仍在市立醫院當義工。他訪問將死的病人，告訴他們他自己的死亡經驗，使他們不再煩躁和焦慮。很多病人都不再需要吃止痛藥或鎮定丸。他在他們的身旁看著他們安靜地逝去。許多病人的家屬都請求他去安慰親人最後的一刻，對他的幫助，非常感謝。

夏天的可愛與可憎

現在太陽已每日提早下山，白天時間已短，夏天業已逝去。但我們仍然依照著習慣生活。不過，我對夏天有喜歡與不喜歡的地方。

先說喜歡夏天的原因：在夏天，我們可以穿一雙拖鞋，使雙腳放開，自由擴張。不論白天或夜裡，如果走出家門，都無須多穿衣服和套鞋。夏天天氣熱，大家都喜歡到湖邊或海灘去。湖邊氣味不同，有野草，土地潮濕，生長很多的植物。海邊沙灘上，則陽傘高舉，躺滿泳客。男的赤膊短褲，女的穿比基尼裝，大家赤裸相對，毫無顧忌。海水中萬頭鑽動，競相游泳，衝浪者則隨波起伏，驚險萬狀。

夏天日裡的五穀，每天都長高長大，直到成熟，一眼望去，一片金黃，隨風搖曳，非常壯觀。

在夏天時，家人常有機會團聚在一起，彼此互相問候，閒談過去一年的往事。大家共享美食，或在外烤肉與魚蝦，飲啤酒，吃漢堡，嚐冰淇淋，說故事，講笑話，吹口琴，或高歌一曲，無拘無束，歡笑不止。

如果家有後園，採取自種之蔬菜，其味格外新鮮可口，增加食慾。

再談討厭夏天的理由：

天氣炎熱，令人汗流浹背，很不舒服。有時氣溫突變，大風忽起，冰雹繼至，田中五穀都被擊倒不起，農人期望一年之收成，瞬間喪失。

當週末或長假駕車遠遊時，公路上塞滿車輛，蛇行前進，令人焦急不奈，甚至釀成車禍，立見傷亡。即使最後抵達目的地，時間已晚，娛樂已止，人群已散。或者誤了朋友的約會，甚感掃興。

自家菜園雜草，比蔬菜生長還快，必須不斷拔除，否則滿園雜草，喧賓奪主，不僅難看，也妨礙蔬菜生長。

夏天時陽光高照，很多男女喜歡躺在草地上享受日光谷與微風吹襲，但也怕被蚊蟲偷咬，皮膚發癢。

此外，籬圍需要時常修剪，庭前屋後之草地，亦需勤加割短，使人不得休閒。

總之，一年衹有一次夏天，應該把握時間，盡量享受夏天之樂，否則，不久之後，冬天又到，四、五個月躲在室內，不敢出門，面對冰雪之寒。很多人都因此遠飛佛羅理答或加尼佛裡亞避冬。

恐怖主義崛起

加拿大人民一向過著平靜的生活，但是恐怖主義卻來到這裡。去年，狂熱份子先在魁北克一個城市大街上殺害了一位軍人，接著又在喔太華的國會大廈實施攻擊。屠殺了一名站崗的衛兵。直至現在，人民仍然時懷恐懼，還未完全恢復正常。那些在安全與愛好和平的環境中成長的青年都跑到外國，加入恐怖份子行列，屠殺無辜人民，或故意殘害國內的同胞，實在令人費解。

年輕人看見社會的不平走向極端，或者受其所接觸者的蠱惑，參加恐怖組織。不知恐怖份子是很卑劣的人，喜歡製造恐懼，讓人對那些沒有良心與缺乏同情心的歹徒害怕。在中東號稱穆斯林國的統治下，恐怖份子已實施殘酷的行動，惡名遠揚。他們把俘虜的人，野蠻地砍掉頭顱。還把拐騙的婦女，強迫她們當性奴。同時也把婦女和兒童，驅至前線，當作人牆，以阻止敵人的攻擊，更把擄獲的戰俘或反對者關在鐵籠中，用火燒死。不但如此，他們還把所有這些殘酷的暴行攝成電影，或放在網絡裡放映，讓人觀看，以示警告。

這是一個變態的最新世界，恐怖份子的行動，完全沒有理性，不講邏輯，無惡不作，任意破壞古蹟，搗毀寺廟，凡是他們看不順眼的事物，都一概摧毀。年輕人願意加入他們的行列，也許是感覺被社會邊緣化了和孤獨了，想要報復，或想要欺凌別人，不願當作被欺凌者。那些在戰禍不斷國家生長的年輕人，為了生存，挺而走險，參加恐怖組織，由此獲得權力，容易使人了解。不過，一旦成為恐怖份子，就無法脫離恐怖組織的魔掌。他們必須遵從恐怖組織的命令。高舉黑色的旗幟，穿著黑色的服裝，頭上套著黑色的面罩，手執槍械或刀刃，望之令人恐懼。

恐怖份子為達到大量殺害敵人的目的，常常利用兒童為炸彈驢，把炸彈綁在兒童身上，然後把他們送到很多人群當中，引起爆炸，使很多人炸死，所以兒童和婦女都是恐怖份子的犧牲品。民主社會都保護兒童，恐怖組織則危害兒童。

劊子手約翰（JIHAD JOHN）將要繼續砍掉人頭，直到民主國家站起，把他們打倒為止。這是一場史無前例的戰爭。我們唯一的希望，就是愛好和平的國家，要堅定決心，加入與極端份子的戰鬥，不能妥協。

惡人加害於他人的殘忍行為是無止境的，意大利的匪徒（MAFIA）曾把很多人埋葬在沙漠裡，惡人都是對好人做壞事，穆斯林国恐怖份子更加殘忍。現在對恐怖份子的戰爭正在進行，屈服不是答案，退出也不是選項。

聖誕節

聖誕節的奇跡

郝樂（Harold）結婚較晚，不久便得一子，他十分欣喜。於是此男孩便成為他的生活中心。不過當此男孩開始入學就讀之前，他們已經知道他不很健康。以後他便帶他去見許多醫生求診，最後祇好接受許多醫療測驗的結果，他們的兒子患有一種稀有的癌症。因此，郝樂把他送進兒童醫院去治療。從此以後，郝樂似乎比他的小兒子更加痛苦，當他的年幼小兒去世後，他尤其悲傷不已。

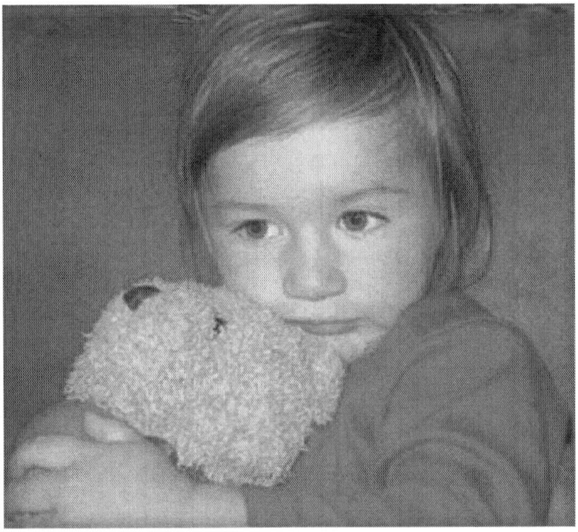

數年後，郝樂提早退休，以便實現他自喪子後之願望。他要變成一個小丑，去為那些病童作滑稽表演，使他們愉快。他先進各種學校和劇藝訓練班去學習化妝，塗畫怪臉，與各種技巧，以便搞笑，使病童歡喜。他也努力地去選讀兒童心理學。

有一家醫院允許他每週去表演一次。第一天他非常興奮，不知病童有何反應。但他進入病房以後，立即感覺很輕鬆，看到那些蒼白的小面孔都面露喜色。當他被所穿一雙大鞋絆倒時，他們都開心的大笑起來。隨即他又從一間病房走進另外一間病房，表演惡作劇，講笑話。那些病童都全神貫注地觀看，忘記了疼痛和悲傷。他們的大笑聲音，穿過走廊。他們的眼睛也都發光。護士和醫生看到這個小丑使病童們快樂，產生驚人的效果，都非常驚喜。他們還要求小丑以後再來。

幾週過去以後，聖誕節就快到了。這家醫院準備邀請一位聖誕老人前來娛樂病童，同時郝樂也要求來此表演。他的表演時間指定為十二月二十四日下午。在一週前，他便到每一病床，詢問每一病童希望得到甚麼？當他取出巨大的筆記簿和很大的鉛筆寫下每人的希望時，那些病童都喀喀地低聲微笑或傻笑。他的眼鏡已滑落到他的紅鼻子上，他不管它，仍然繼續記下各人的希望。最後，他走到一張病床前面，躺在病床上的病童名叫吉思（Keith）。他的頭髮都掉光，面孔很憔悴，但是非常聰明。他對郝樂所問的問題，都給以很伶俐的回答，使郝樂極為驚訝。「你希望得到甚麼，讓我記下？」吉思給他一個迷人的微笑，低聲的說：「我要一個和我一樣大的有絨毛的玩具熊（TEDDY BEAR）」郝樂說：「好，我就盡力去辦。」吉思似乎很高興，他說：「小丑，聖誕是一個很特別的日子，在早晨，聖誕老人要來，在下午，你也會來。次日，我的父母也要來到這裏。」

後來，郝樂買好每個病童所要的東西。有些病童拿到所要的禮物後，太高興而說不出話，但都笑著。其他的病童拿到禮物後，則快樂地喧鬧起來。當小丑走近吉思的病床時，他拖著一個大袋子，顛躓了好幾次，然後撲通一聲把大袋子放在吉思的床上，吉思立刻大笑不止。小丑急忙打開大袋子，取出一個是吉思所見過最大的一隻玩具熊，他看後，很驚愕。

次晚，當值夜班的護士看見大多數的病童都在經歷一天重大的事故之後，沉沉地熟睡著，露出很滿足的面孔。吉思第二天早晨睡醒時，還抱著他的大玩具熊。他像一個不同的男孩，幾乎不能等待他的父母來此，告訴他們他的夢中情況。

吉思的父母傾聽他的敘述，對吉思如此的快樂非常驚異。吉思說：「玩具熊在他的夢中是活的熊，還對吉思說：吉思是一個健康的男孩。但是吉思告訴它，我不健康，我是一個病童，你應該注意，我的頭髮都已掉光，這是因為我必須接受醫生開藥治療的結果。但玩具熊拍著他的肩膀大笑著，仍然說：你是一個健康的男孩！並且還逼著吉思自己說：我是吉思，我是一個健康的男孩。」吉思繼續對父母說：「現在我要和你們一同回家。」他的爹媽回答他：「你必須在這醫院裏多待一些時間。」吉思立刻跳下病床，模仿那個小丑可笑的走路姿態，並再向父母乞求，把他帶回家，口中仍說：「我是一個健康的男孩！」

醫師們見此情況，准許他的爹媽把他帶回家住兩天。在兩天以後，他會感到衰弱和疲倦，讓他自己知道住在醫院裏比住在家裏好。不過每樣事情的結果都不同。吉思每天都感覺比前一天更好一些。他的頭髮又長出來了。他不願待在家裏，他要立刻去學校讀書。所有替他治療的醫生和專家，沒有一位能夠解釋吉思此後連續的醫療測驗都無癌症的蹟象。

十五年已匆匆地過去，吉思也已讀完中學，現在開始在大學讀第三年。他選讀醫學，專攻小兒科。立志要成為一位小兒科腫瘤專家，以幫助以後患癌症的病童。

吉思現在仍與郝樂聯繫，郝樂仍然繼續為病童表演。不過他現在每月僅僅化裝為小丑一次，因為他已年逾七十，沒有精力再常去表演，娛樂病童。

吉思現在不論去到甚麼地方，都帶著那隻玩具熊在身邊。對他而言，它是一個有魔術的玩具熊。將來他如果有自己的診所，他將把它放在一個永久的地方，讓他的年幼病童撫摸和擁抱它。

一個非常值得紀念的聖誕時刻

約翰和母親住在一個城市貧民區的一間公寓裡，他的母親每天很早就離家去富人家庭打掃清潔。約翰還未入學讀書，但他知道如何做早餐進食，和吃完後清理廚房的工作。他的母親前晚就把他的午餐做好，還給他在頸上掛一串住房的鑰匙。吃過早餐後，他都到外面去和鄰居的兒童一同玩耍。

聖誕節快到了，他的母親在每天晚上還出去做第二件清潔工，因為她需要更多的錢去買禮物和給她的兒子買新衣服。在這些很長的日子裡沒有母親在家，約翰很難過。

某日，他攜帶著午餐袋，決定走到其他的市區玩玩，沿途他看到每樣新鮮事物，都很驚異。他所走過的很多街道，行人都很匆忙，車輛很多，商店也接續不斷。他走進一個商場，坐在一條板凳上休息並吃午餐。不久，好奇心使他逛進一個大百貨公司。他從未見過電梯和自動電梯（escalator），他都搭乘一試，很感興趣。後來，他覺得很累了，想要回家。此時，天色將黑，他不記得應從那些街道走回去。幸好他的母親把他住址寫在一塊紙板上放在他的口袋裡，他就取出來向人求助，遂得安全回家。

約翰對他自己第一次單獨走進大市區裡，感到很驕傲。從此以後，他每天都去，並且都到那個百貨公司裡去玩。那裡每層樓 都有很多不同的貨物。假如他有錢，他就要買一件聖誕禮物送給他的母親。當他看見一件美麗的圍巾披在一個女人塑像身上，無人注意他，因為很多人都在挑選物 品，所有售貨員都跟顧客交談，非常忙碌。約翰很快地便拿下那條圍巾，放到他的午餐袋裡，立刻乘電梯下樓，盡速離開。

返家以後，他把圍巾收藏起來，但很不安心，晚上也無法成眠。他感覺很煩燥，臉色沉重，也不能吃東西。他的母親看到他的這些異狀，就對他說：「如果你已做錯了一件事，你必須提起勇氣將它改正！」

次日，約翰又回到那個百貨公司，請見經理，店員們告訴他，經理現在很忙，沒有時間和小孩們會面。但約翰堅持地說：「我有很重要的事要對他說。」

等了很久以後，他被領到一間辦公室裡，一位戴著重度近視眼鏡高大的男人注視著他。約翰從午餐袋裡取出圍巾，很小心地把它放在桌子上，然後坦白地說：「我拿了這條圍巾，沒有付錢。」同時，他直接看著經理的眼睛：「我要一個聖誕禮物給我母親，她很辛苦地工作。但我不能安眠，也不想吃東西，因為我拿了這條圍巾是一件錯事，偷竊。」

經理聽後，腦中留下很深刻的印像，但未表露出來。「很對，假如我們做錯了事，一定心裡不安寧。你發覺這種情形，我非常高興。不過，聽好，我現在給你一張名片，希望兩天以後的下午兩點鐘在這間辦公室裡會見你和你的母親。」約翰不知道他究竟要說什麼，他祇希望他的母親不要聽到偷竊圍巾這件事，但肯定那位經理會告訴她。

她們母子兩人依約到達經理的辦公室，那位經理歡迎約翰像一位老朋友。他告訴約翰的母親發生了什麼事情，但沒有明說約翰拿走一條圍巾。他說：「你這母親應該對你的兒子所做的整個事件感到很驕傲。然後，他又詢問了很多的問題。最後，他向約翰的母親提供了一個倉庫的職位，她可全日工作，獲得全薪和福利，比她做清潔工的收入要高很多。她可在明年一月開始到職。約翰從未見到他的母親如此的高興。」

當她們母子離開後，那位經理又喚回約翰，給他一件包裝很好的包裹，並對他說：「這是你要給你的母親的圍巾，收藏好，等到聖誕日再拿出來，這是我給你的禮物！」

美食與送禮

豬油美味

我家住在江蘇省六合縣鄉下。小時候，每到陰曆年前，家家戶戶都將自養的肥豬請屠宰人宰殺，以供過年時用肉需要。當時的豬隻，都有黑色的豬鬃，不像現在的豬隻，一身白毛，似已沒有豬鬃了。豬鬃可以出售，殺豬人都把豬鬃撈去販賣。

我家肥豬殺後，母親就將一些瘦肉斬成碎塊，加上作料，一併灌入洗淨的豬小腸內，再煮熟便成為香腸，留作以後取食。豬腹內有一塊白色的豬油，母親也將其切成許多小塊，放入鍋內炸油。然後將炸出的豬油撈起，裝入瓦罐或瓶內冷卻後，收藏起來。以後母親做菜時，便常常挖出一匙豬油放進菜裏，增加美味。又炸出豬油後，剩下的豬油渣，也常放入烹煮的食物裏，充當配角。例如：當紅燒豆腐時，母親就常放進一些豬油渣，或在打碎雞蛋時，也放一些豬油渣在碗裏，一併放入飯鍋裏蒸熟。這兩樣菜非常美味可口。每次吃到時，我都大聲叫好，惹得母親一笑，但她同時也微慍地說：「看你如此吃相，多麼難看，如在家外，如此形象，一定被人恥笑，切勿再犯！」

後來我到南京讀書，寄宿校內，吃飯時，八人一桌，一旦開動，大家如狼似虎，桌上的菜盤，頃刻一掃而光。我手慢嘴遲，往往飯未吃完，已無菜可吃，只好白吞半碗米飯充饑，或乾脆不吃了。母親聞悉後，常將罐裝凝固之豬油，請人攜帶轉交給我，以便無菜時，讓我挖出一匙拌入白飯內，使我吃飽，不再受飢。

最近台灣發生餿油風暴，大小飯館都中鏢，顧客寥寥，生意大落。於是有些飯店老闆，靈機一動，大登廣告，宣傳自炸豬油作菜，保證食安，藉以喚回顧客。另外，也有很多的家庭主婦們，在自家的廚房裏自炸豬油，以作烹調之用。因此，很久不為人們食用的豬油，現在又為大家所喜愛了。對此情景，不禁又勾起我童年美好的回憶，很想有機會再嚐豬油拌飯，和豬油渣紅燒豆腐，以及豬油渣蒸雞蛋，以快朵頤。

送禮

聖誕節又快到了，很多人都為要買適當的禮物煩惱。因為每個人的喜好不同，我認為很好的東西，別人未必有同一感覺。有些人覺得如為選購禮物發愁，不如乾脆就送現金，以免麻煩，並節省精力。另外，還有一些人覺得贈送現金，未免太粗俗，改買禮券代替。收到禮券的人雖然同樣喜歡，但是根據事實統計，大約有半數的禮券被支付購物的費用，其餘的一半禮券，則未兌付。對贈券人言，確為一筆鉅大的浪費；對出售禮券的商店言，則是賺得很多。

在聖誕節或其他節慶日子送禮，的確是一種令人興奮的事情。但有時也使期望太高的受禮人或未能獲得想要的禮物的人感覺很失望。

兒童們在聖誕節時固然應該得到禮物，但是有些兒童得到的禮物太多，或禮物的價錢太貴。他們不知贈禮的人要化很長的時間才能償還刷信用卡支付的欠債。其實一個小孩最需要的是被愛護。單親父母對於其他小孩期望收到昂貴的禮物，常常感覺受到很大的壓力。

老人們大都居住在很小的屋子裡。如果有位親友做一次輕鬆的拜訪，並攜帶一點自烹的食物，乃是最好的禮物。曾有一位老人說：「如果我不能吃它，或消費它，我就不需要它。」

假如我們把在聖誕節所花費的金錢改用於救濟饑荒，就可能是一種救命的禮物；又如我們把這些錢捐出，使一個貧苦的小孩的眼睛復明；或治療一個患有痲瘋病的小孩，那就更有意義了。

我們都喜歡送給別人一點禮物，但不必要送一個大的禮物，或一件昂貴的禮物，我們也不需要買完商店禮物架上的存貨，以示我們對某人的關愛。

常見許多的小孩得到很多的禮物時，非常高興。他們撕開包紮紙，注視著禮物，把它丟在一旁；又去抓住另一件禮物。不久以後，他們仍去玩弄他們的一件舊玩具，甚至還去玩弄禮物紙和細的絲帶，而不是其中所裝的物品。

聖誕節或慶生會現在已變成非常奢侈的日子，不再是一個簡單的慶祝了。它們雖然是令人興奮，充滿愛心與歡笑，但仍然希望人們不要太過浪費！

新詩

新年

一年又飛快地逝去！
過去這一年，很多人都深陷痛苦中，
我們似乎衹聽到不幸的消息，
但仍有很多的善行和好事出現。

地球在震動，我們的內心有時也在顫慄。
很多的地方都遭遇過風暴和水災，
每個角落都有動亂和戰爭，
許多人對老年人無禮和踐踏人權。

不要埋怨，悲傷和評判。
我們在這個小世界中，仍可做很多的事情，
開放我們的胸懷，接納鄰居的不幸，
和他們站在一邊，給予幫助。

多說安慰的話，以減少他們的悲傷，
鼓勵的言辭，可以加強他們的信仰，
在他們需要的時候，給予忠告，
援助沒有貪求。

我們的思想，能夠改變我們的生活，
要在所有的爭鬥中，平安的過活，
很快樂地迎接每一天，
一定要堅定步伐，奮勇前進。

春天（一）

溶化的雪水慢慢地流下，
和風也輕輕地吹來，
春天已到，
各樣事物都已不同。

冬天已被遺忘，
期望的五月已經降臨，
大地上也出現鮮綠，
清新的顏色，光輝燦爛。

鳥兒已經飛回本地，
最先見到的是天鵝，
接著知更鳥又帶給我們的歡耀。
鳴鳥的宛轉消失了我們的哀愁。

不久就要聽到群蛙的鼓叫聲，
那激動的聲音給人心靈的安慰，
到處充滿新生命，
神奇地生氣勃勃。

農人已在準備下種，
我們也將在後園裏除草，
誰還想再久待在家裏？
聽見更強的春天召喚！

春天（二）

嚴寒的冬天已經逝去，
歡樂的春天緊跟著降臨。
它以綠色打扮著自己。
穿著最漂亮的服裝，
出現在最美麗的地方。

各種花卉都升出頭來，
表現快樂的歡笑和舞蹈，
不同顏色的繁花，

把芳香散佈在空氣中
小鳥們也回覆了溫暖，
在樹枝上跳躍，
冬天的憂抑已經開始消失，
春天正在微風中飄舞。

生日祝福

一年過去，你又增加一歲。
在你空白的紙上，你每日寫下：
所做的事情和所說的話。

希望你所說的是很友善的話，
不是惡意的言詞，使人不快。
切莫忘記開口大笑或面呈笑容，
沒有愉快的生活是無益的。
不要常常提到身體的疼痛，

多說身體的疼痛會增加悲傷，沒有好處。
不管煩惱和憂愁，
期望明天會更好！

金錢是你的煩惱，要有多少金錢才算夠？
過去的日子很艱難，
但困苦會使我們更加堅強，
樸實的生活讓我們活得長久。

盼你時時都充滿力量，
增強你的智力，
對人和睦與保持平安，沒有爭吵，
活得快樂與長壽！

母親

母親，對你每日的辛勞，
我們怎樣才能對你表示感謝？
你很早起床，晚上最後休息，
當事情不順時，從不抱怨。

當我們生病時，你是我們的護士，
你為我們祈禱，不要病情惡化。
你替我們洗衣，也為我們燒好可口的美食，
都是希望滿足一個特別的願望。

當父親回來後，感覺筋疲力盡時，
你鼓舞他，給他信心。
整個夏天，你都在花園裏種菜澆花，
你的臉上浮出笑容，哼著快樂的小曲。

你每天烹調作食，
讓我們沒有饑餓和缺乏，
你為我們計劃將來，
教我們力爭上游。

你總是最先想到別人，
你的整個人生就是愛，
我們不能報恩於萬一，
但上帝將賜福於你。

向非洲的母親致候

非洲的母親們，我向你們致候：
讓我們一同祈禱和盼望，
你們為生存，每天都在奮鬥。
我滿心地願望，
你們每天都有力量和信心，
撫育你們的子女和病童。

你們步行很遠去尋水，
但在你們的周圍，卻有殘酷的戰爭和爭鬥。

很多的日子你們都沒有東西可吃，
因為退卻的士兵把糧食搶去。
面對不斷的屠殺，抵抗很英勇，
最後，你們的茅屋已經不再安全。

你們僅僅攜帶一個小包和兒女一同逃走，
預料不會再能回來。
在炎熱的太陽下，你們疲倦地跋涉，
希望找到一個營地，即使擁擠和淒涼，
可是那裏有成千的疲憊難民，
祇有小孩們感到高興和活躍！

他們獲得了一盤熱食，

相信貧賤的命運將會改變。

許多醫生和護士都施診和救護，

假如現在每樣事情都很順利，還不太遲。

☆　☆　☆　☆

當在此慶祝母親節時，我們遠遠地想到你們，

深願你們受到保護和取得福利！

朋友（一）

一位朋友是一道陽光，當你處在陰暗的天氣時。

一位朋友會以他的愛加強你的力量，並以他的希望鼓勵你。

一位朋友對你有強烈的信心，會激發你伸張出去，達到你最希望的目標。

一位朋友能夠將你的寂寞轉為快樂；你的悲傷轉為歡喜；你的憂鬱轉為愉快。

一位朋友會呈現在你面前，當你需要他時；他也會靜靜地離去，當你希望獨處時。

一位朋友會讚美你，當你感覺沒有甚麼可以稱頌時。

一位朋友會回答你的呼喚，甚至在你呼喚以前就回答你。

朋友（二）

你有正義感，
我很高興地見到；
你的內心蘊藏著仁慈，
你的友誼，
比金銀價值都高。

你對每一個人都給以時間，
和有意義的禮物。
你也幫助那些非常需求的人，

更表示關切與願意伸出援手，
你確實是一個最慷慨的朋友。

在我所認識很多的人當中，
沒有一個人能夠和你相比。
即使我們生活中，
有心痛與傷感，
我們還是依靠友誼渡過難關。

當我們悲哀時，你表示關懷。
在我們生活似乎無望時，你給以鼓舞。
對於每一種憂愁和擔心，你要求忍耐。
每一個人都希望你是一位朋友。

很多年來，我們都很高興地與你為友。
祈望這種友誼能夠繼續下去。
我唯一的願望：我們永遠是朋友。
直到我們在最後的那一天閉了眼睛。

有朋來訪

她把房屋打掃如全新一樣的清潔，
她也烘焙了好吃的餅乾，
所有的工作都做完了，
再沒有任何雜務留下來。

她等候朋友們來飲茶，
但她們都很忙，
她們到購物中心去買東西，
不能當天就來。

今天是很幽暗的一天，
她將如何消磨時光？
把碗櫥裏的東西都拿出來，
再給它們加上一層漆。

廚房裏很雜亂，
鍋盤到處亂放，
塑膠物堆滿桌上，
很多雜物都散佈在各個角落。

她已經漆好一半的東西，
櫥架看起來已很明亮，

好像有人在按門鈴？
我想不止按一次，也許按兩次。

她的朋友們都站在門前，
她們非常高興地互相對笑著，
「你請我們進來嗎？」
「我們是來飲茶的。」

有自信心的人

假如你認為你將被打倒，你就會被打倒。
假如你想你不敢，你就不敢。
假如你想贏，但你又認為你不能，
那就肯定你不會贏。

假如你想你會失敗，你就會失敗。
因為在世界上，我們發現：
成功是始於一個人的意志，
它完全由腦中決定。

假如你認為你是很優秀的，你就是很優秀的。
你必須想到升至高處，先肯定自己，
然後才能得獎。

生命的戰鬥，
勝利者並不常是強者或快速者。
但在最後，
獲勝者就是那個有自信心的人！

老年

謝謝你們，知道我已是一個老人。
我的手顫抖，常常也是冷的。
我已駝背，身材不高了。
當我走路時，腳步不平衡，害怕跌倒。

你們跟我談話時，請清楚和高聲地說。
我的耳朵，已幾乎聾了，腳趾也很痛。
我的視力很弱，渾身都感疼痛。
有時我不願再活下去。

可是，當你們和我在一起消磨了一段時間，我就感覺很快樂。
當我傾聽你們談話時，我甚至忘記受傷的膝部。
有很多時候，我確實會重復談到同一事情，
但卻裝作它是一件新聞，不是舊事。

你們可以詢問我往年的很多問題。
很多過去的事情，我仍感覺似乎是最近發生的。
現在我已年老，不需要很多東西，
但請對我表示一些尊敬和感受，即使撫摸一下。

當我在此塵世最後的日子裏，請幫助我愉快地活下去。
在我年輕時，我曾對你們在很多方面付出過。
你們也會慢慢地感覺疲倦，衰弱和年老。
那時請你們回憶我和我曾經對你們說過的許多話！

自悲

我感悲傷，
沒人打電話給我。
最近有一天，
我一個人單獨留在家裡，
忘記我已是一個成人，
我已完全成長。

我感悲傷，
沒人來看我，

整天沮喪，
每分鐘都在憎恨，
忘記我已是一個成人，
對此全然不知。

我感覺悲傷
沒人把時間留給我。
每天無事可做，
十分憂悶，
忘記我已是成年人，
祇有我一個人有鑰匙。

整天的時光都給浪費了，

說到這裡，很覺慚愧，
我完全依靠別人，
才能得到快樂。

我應自責、羞恥，
不知奮起，
我已是一個成人，
我應奮起前進。

美好的女侍

她帶著滿面的笑容，來到你的桌前，
手裏拿著鉛筆和寫菜單的小紙本，
向你說明今天的「特別優待菜」，
很友善地寫下你所點的菜單。

當你在等待食物時，
她立刻把咖啡，茶或牛奶都送來，
但你祇要一杯水，
她穿著粉紅色的制服匆忙地端來。

她不嚼口香糖，也未把鉛筆架在耳背上。
不說俚語，也不咒罵，
她的短裙沒有露隙，也沒有拖步走路，
但也未昂首闊步地走來走去。

她把你叫的菜熱騰騰的端來，
並加滿了你的飲料，
她是一個美好的女侍，
應該得一筆較大的小費。

寶貴的時間

你不能購買或借到一分鐘。
時間不是出賣的，時間就是生命。
但是我們把它在：
憂愁，愚行和爭鬥中。
這些都是沒有價值的，
快樂也隨著當日而去。

如果時間可以出賣，
請看我們如何把珍貴的時間消耗掉：

消費時間應像消費金銀一樣，
必須聰明地消費上帝給我們的時間。
時間被浪費了，便永遠地逝去，
無法把它召回！

當你覺得時間寶貴時，
它是你所最缺乏的，
你會想到喪失了的朋友和機會，
已逝去的日子永遠不會再回來。

晨禱

陽光透過臥房的窗簾，
我祈求一個友好與慈愛的新天。
感謝上帝給我一個平靜的夜間，
沒有戰爭與恐怖的響聲。

希望那些生活在動亂與廢墟中的人們，
能得到祢慈愛的援手，
使他們每日都能獲得食物，
把眼淚擦乾。

幫助那些住在醫院裏等待死亡的人，
安慰那些喪失親人的哭泣者，
親近那些抑鬱的，
孤獨老人。

指導那些流浪在街頭，
無家可歸的兒童，
治癒那些被人們傷害的，
自然，動物和植物。

請給我見識與智慧，
能以言語對迷途的人指出道路，

當需要存在時，
讓我傾聽祢的指示，並以行動幫助苦難的人。
願祢賜福給世界的領袖和有力量者，
不讓他們計劃戰爭，但要他們追求和平。
祢深愛我們，
謝謝祢。

沉思

白晝愈來愈短，夜晚更加黑暗，
冬天按時降臨，
以前有很多顏色的地方，
現在都消失了。

成千的鳥類都飛到遠處，
我每天都懷念它們的歌聲。
當在公路上駕車時，
突然會看到鹿或麋鹿出現。

烏鴉和喜雀很喜歡這個季節，
它們不怕黑暗與冬天，
自然會照顧它們，
無須奮鬥，即能獲得供養。

我很希望能像這些鳥類沒有恐懼，
當我看見冰雪時感覺很快樂，
我很感激，能住在一個溫暖的屋內看書，
不必害怕冬天。

悲哀

親愛的老伴，我已經喪失了你：
現在我生命中的每樣事情，都已改變。
我接受你的離去，
剩下的祇有悲哀和失落。

現實已不再如我們以前所見，
逝去的人已經解脫，
我們不應該哭泣與悲哀，
你曾說過，你要和我一起歡樂、高興。

但是沒有你，我很難單獨生活下去。
你常幫助我，對我很忠實。
祇有你在身旁，我就很滿足。
現在我所能看見的，就是孤獨。

工作完畢回家，祇見一所空屋。
我想要對你說很多的話，
但我很浮躁，從一個房間走到另一個房間，
沒有你，一切都是空虛的，黑暗的。

記得你曾對我說過，我必須要堅強起來，
如果終日悲傷和氣喪，就難生活下去。
祇要我們還活著，還有很多的事情需要去做。
祂，唯有祂，會給我們堅強的力量。

不必擔憂

我們的膚色不重要，
我們信仰什麼宗教也不重要，
在上帝的眼裡，我們都是一樣，
我們完全是相同的。

我們擁有多少的財富不重要，
我們如何的貧窮也不重要，
在上帝的眼裡，我們都是一樣，
祂照顧我們都是相同的。

讓我們大家現在生活在一起，
我們沒有另外一次機會，
讓我們互相愛護和照顧，
向上帝證明，我們是值得做祂的子民。

謝謝祢

雨止了，
天上出現一道彩虹。
藍天和白雲，
輕輕地飄浮過去。
太陽與月亮，
引導著白晝和夜晚。
謝謝祢，
賜給我們這華麗與美妙的視界。

祢用神秘的方法，
製造了很多的奇蹟。
在我們的周圍呈現美麗；
花卉飄香，
小鳥鳴唱，
樹葉沙沙地作響。
謝謝祢，
賜給我們這些美物。

為了誠摯的愛和敬意，
我們與所有的人分享這些恩惠。
為了朋友、熟人。
父親、母親、姊妹和兄弟；

為了需要過著寧靜的生活。
和不惜代價地去幫助別人。
謝謝祢，
教導我們這些寶訓。

一條更好的路

一條簡單的規則，
如果每人都遵守的話，
學校裏就沒有欺凌，
沒有一個小孩會感覺害怕。

我們在大門上不需要上鎖，
也不需要標示禁止入內，
毫無疑問地，
警察可能都要失業。

監獄都成空牢，
法律業已過時，
當在街上遇見陌生人時，
我們都會友好地打聲招呼。

這麼簡單的規則，
我希望所有的人都知道，
它很簡單，施諸於人，
就像你要別人施諸於你一樣。

棄屋

一排傾倒的破爛圍牆，
一架腐銹的犁土機，
一間小木屋和一顆飽經風霜的樹，
野草從未剪過，高到我的膝蓋。

我走進小屋，老鼠亂竄，
裏面很晦暗，
透過小窗，可一覽無遺，
搖曳的野草，彎曲的小河，一堆的泥巴。

風從前門吹進，
又從後面的裂縫中竄去，
很久以前，小孩們跑進跑出，
他們都在嘻笑和呼叫。

我曾看見那位母親搓揉麵粉做麵包，
那位父親也在修理廚房的用具，
屋外一塊小地被犁過，種有蔬菜和花卉。
衣服用手洗，破物自己修。

一年到頭都很勤勞，
但他們仍非常歡樂，

晚上全家人聚在一起吃晚餐，
祈禱後睡覺，準備明天的新工作。

那些聲音現在都已消失，木屋已經頹敗，
野草，小河，泥堆仍在，
回憶這個木屋和周邊以往的形象，
我感覺很悲傷。

轉變的天氣

當我們耐性地等候春天時，
白雪仍然掩蓋著大地。
我們用鐵鏟把它鏟掉，它溶化了，但又飛還。
我們祇好再用鐵鏟把它鏟走。

一陣冷風隨著雪花吹來，
臉上感覺冰冷，
寒風在曠野裏旋轉，
把你的頭髮吹散滿頭。

陽光穿過雪花透露出來，
儘量地發光，
但雪又降落，
遮滿了地面。

我們知道，春天終必來臨，
把長靴，大衣，皮帽和絨衣都一一收起，
愉快地去後園種植花卉，並剪去草地上的長草，
真正地去享受轉變的天氣。

月亮

很多人都談論著月亮，
情人們手牽著手在月光下散步，
他們也說起月亮的大小和顏色，
在夜裡月亮的光輝是多麼的明亮照在地上。
當農人收穫時，月光格外的明亮。
也像近在樹杪，
很多人說了許多愚昧的故事，
甚至有人說，月亮用起司（乾酪）製成的。

月亮也被看成是神秘的，
高掛在天空中
人們製造了很多不同的飛機，
但都不能飛到月亮那麼高。

經過多年的研究，
聰明的人實現了他們的計劃，
製造出完美的「太空船」，
把一個人送到月亮上。

很多的愛情歌曲都譜寫出來，
癡心地愛著月亮，

現代科技的高度成功，
又有很多的歌曲讚美「太空船」的高速飛行。

這使人感覺很奇怪，
浪漫的情調也被丟去，
現在想到月亮，
你會驚奇誰在上面走動？

如果將來你要計劃到那裡去度假，
你可能不去美麗的藍色水邊，
改訂「太空船」座位，
飛向月亮。

唱情歌

唱一首情歌，啊！我的愛人：
一首情歌，使我沉重的心情輕鬆了，
當我們一起在明亮的月光下，
你溫柔地唱出了我們的夢想，
我們也曾沐浴在溫暖的陽光裏，
一起慢慢地穿過草地，
一陣微風吹拂我的頭額，
使我憶起你的撫摸。

歌唱那些情歌，是在很久以前的時候。
你撫弄著我的頭髮，
你的甜唇輕輕地吻著我，
喚醒我的欲望，
我沉醉於甜蜜的情歌中，是很久以前的時候！

萬聖節

夜，很黑暗，
天上的星光，閃閃地發亮，
兒童們到處奔跑，高聲地呼叫，
「要搗蛋或給糖果？」
這是萬聖節，他們都穿著奇裝異服，
但很整潔。
有些穿著的衣服像牧童，
有些像超人和怪物，

有些像小天使，
有些像面目友好的鬼怪，
有些帶著假面具像獅子和老虎，
有些像骷髏，瘦骨嶙峋。

兒童們到每家去敲門，
高喊著：「紅蘋果和糖果」，
和任何甜食。
如果他們沒有收到這些食物，
他們一定也會叫罵：「呸」！
兒童們會唱歌，也會講笑話，
或背誦一首詩。

如果被要求時，他們也會表演，
立刻引起一陣歡笑，
在這萬聖節的晚上，
它帶給了人們很多的快樂。

移民

他們拋棄了故鄉、財產和家人，
祇有隨身攜帶的一些簡單衣物。
他們渴望民主，自由和尊敬，
和關心他們的仁人。

開始新生活需要有勇氣和決心，
許多人在奮鬥中死亡，
另有一些人則艱步前進，奔向同一個目標：
尋找平靜的心靈和快樂。

站在一個全新的公署裡，
等待召喚是困難的。
無人微笑，只有恐懼，
害怕申請移民，不被批准。

某人幸運地出生於加拿大，
他看到外國人必須忍受的恐怖，
他搜索了很久，發現
人們為什麼要離開家鄉
忍受內心的疼痛。

這些人離家很遠，

不能找到一位可以信託的人，
也不能說出心中的希望和夢想，
還要把心中的疼痛隱藏起來。

這些移民，和你與我都是人類的一份子，
他們同樣有權尋找快樂，
要求平等，
也有權獲得自由！